Esporte Escolar:
*Possibilidade Superadora no
Plano da Cultura Corporal*

© COPYRIGHT 2009.
ÍCONE EDITORA LTDA.

CAPA
RODNEI DE OLIVEIRA MEDEIROS

DIAGRAMAÇÃO
ANDRÉA MAGALHÃES DA SILVA

REVISÃO
RENATA ASSUMPÇÃO

PROIBIDA A REPRODUÇÃO TOTAL OU PARCIAL DESTA OBRA,
DE QUALQUER FORMA OU MEIO ELETRÔNICO, MECÂNICO,
INCLUSIVE POR MEIO DE PROCESSOS XEROGRÁFICOS, SEM
PERMISSÃO EXPRESSA DO EDITOR (LEI Nº 9.610/98).

TODOS OS DIREITOS RESERVADOS PELA
ÍCONE EDITORA LTDA.
RUA ANHANGUERA, 56/66 – BARRA FUNDA
CEP 01135-000 – SÃO PAULO – SP
TEL./FAX.: (11) 3392-7771
WWW.ICONEEDITORA.COM.BR
E-MAIL: ICONEVENDAS@ICONEEDITORA.COM.BR

Esporte Escolar:
Possibilidade Superadora no Plano da Cultura Corporal

Maristela da Silva Souza
Professora adjunto do Departamento de Desportos Individuais do Centro de Educação Física e Desportos da UFSM – Universidade Federal de Santa Maria

Dados Internacionais de Catalogação na Publicação (CIP)
(Câmara Brasileira do Livro, SP, Brasil)

Souza, Maristela da Silva
Esporte escolar : possibilidade superadora no
plano da cultura corporal / Maristela da Silva
Souza. -- São Paulo : Ícone, 2009.

Bibliografia.
ISBN 978-85-274-1055-7

1. Educação física 2. Esportes na escola
I. Título.

09-07393   CDD-371.3

Índices para catálogo sistemático:

1. Esportes na escola : Prática pedagógica :
   Educação   371.3

Dedicatória

À minha mãe Maria Gessi... com muita saudade.

Agradecimento

Agradeço aos participantes da Linha de Estudos Epistemológicos e Didáticos em Educação Física - LEEEDEF - do Centro de Educação Física e Desportos da Universidade Federal de Santa Maria pelo desenvolvimento de uma produção científica comprometida com os interesses da classe trabalhadora.

Sumário

Prefácio, 11
Introdução, 15
Capítulo I – O ponto de partida, 21
1. O conhecimento em EF e em esporte: realidade existente, 21
   1.1. O processo de cientificização da EF e do esporte: problemas gerados, 22
   1.2. Identidade epistemológica da EF e do esporte: ciência ou ciências?, 39
   1.3. Movimento de contraposição ao modelo de cientificização da EF e do esporte, 53
   1.4. Razão e "desrazão": implicações no campo do conhecimento de EF e de esportes, 66
   1.5. Considerações sobre a realidade do conhecimento em EF e em esportes, 76

Capítulo II, 81
2. Possibilidades superadoras no plano da cultura corporal, 81
   2.1. Cultura corporal: prática social objetivada e apropriada no processo da formação da existência humana, 82
   2.2. Ciência: prática social objetivada e apropriada no processo da existência humana, 98

2.3. Educação: prática mediadora entre o sujeito e a
natureza, 122
2.4. Didática: o fazer na escola, 135

Capítulo III, 141
3. O ponto de chegada, 141
3.1. Esporte escolar: uma possibilidade epistemológica para o seu processo de ensino, 141

Considerações finais, 161

Bibliografia, 167

Prefácio

A crítica, especialmente ao esporte, pela Educação Física brasileira não é recente. Porém, ela tem se configurado em diferentes dimensões. Ou seja, a crítica inicial era de caráter ideológico e denunciava o conteúdo conservador e reprodutor das relações capitalistas de rendimento, competição, recorde e performances física e técnica. Nesta linha de crítica, relacionava-se, inclusive, a ideologia do "esporte para todos" introduzida no Brasil no início da década de 1980. Na sequência, veio a crítica muito contundente sobre o esporte escolar como fator hegemônico nas aulas de Educação Física: a criança que pratica esportes e respeita as regras do jogo...capitalista e etc. Somente após estas críticas é que começam a surgir novas formas de intervenção na escola, com ênfase também ao esporte, seu redimensionamento e sua reinvenção para tornar a sua prática mais democrática e educativa. Assim, para a **Concepção de Aulas Abertas às Experiências** o esporte é considerado um dos fenômenos mais marcantes das sociedades modernas, e por isto numa aula de Educação Física é muito importante que alunos e alunas aprendam os seus sentidos e significados na prática. Além disto, eles(as) precisam entender que fora do âmbito escolar o esporte é algo a ser assistido, porém ele não é algo bom por natureza e, por isto, no contexto do ensino, ele precisa passar por uma reflexão mais séria. E, por fim, a partir de um entendimento mais abrangente e profundo de sua realidade prática, deve passar por uma modificação estrutural para atender exigências do seu ensino escolar. Para a **Concepção Crítico-Superadora**, o esporte também tem um valor inestimável por pertencer ao âmbito da cultura socialmente produzida e, portanto, pertencente ao patrimônio cultural da humanidade. Assim sendo, o acesso a este patrimônio deve ser possibilitado a todo cidadão. A escola tem, neste sentido, uma responsabilidade muito grande em permitir e possibilitar este acesso. Nesta proposta, não se menciona explicitamente as necessidades de uma transformação de suas práticas para atender exigências e necessidades de uma atividade pedagógica na escola. Porém, é fortemente enfatizado que o aluno(a) precisa adquirir um saber sobre o esporte que vá além de sua mera prática, portanto, possibilitadora de mudanças e transformações de acordo com as necessidades e possibilidades locais e individuais dos participantes. Já, a **Concepção Crítico-Emancipatória** vê no esporte uma das atividades mais importantes da Cultura de Movimento, por isto, de máxima importância e significado pedagógico para a prática da Educação Física Escolar. Porém, assim como ele se apresenta atualmente, como uma realidade socialmente construída como é, torna-se muito difícil encontrar nele aspectos de importância pedagógica que contribuam para a emancipação, muito antes, certamente, para a domesticação e submissão quase que total dos participantes. Então, ele precisa, para servir de elemento pedagógico importante na concepção educacional pretendida, passar por uma "transformação didático-pedagógica". O esporte precisa proporcionar, minimamente, a oportunidade de vivências de sucesso e de desenvolver bons sentimentos entre alunos(as) de maneira que todos se sintam aceitos e não rejeitados durante a realização de suas práticas.

Estas propostas para o ensino dos esportes na escola, que para a década de 1990 podem ter sido um grande avanço, especialmente no desenvolvimento de uma pedagogia do esporte, para uma Educação Física realmente vinculada aos rituais pedagógicos da escola, precisam passar por uma nova fase de crítica e de reformulações. Portanto, o presente trabalho, que tenho a honra de prefaciar, encaminha-se para este propósito também. Ele não permanece apenas na crítica ao esporte e à Educação Física do ponto de vista pedagógico, mas se propõe a abrir uma ampla discussão em torno das questões epistemológicas mais abrangentes que fundamentam a prática da Educação Física e, em especial, o ensino dos esportes. Por fim, também para não ficar apenas no plano da crítica e do debate teórico-metodológico das questões gerais da Educação Física brasileira, o trabalho se propõe ainda a apresentar o que é denominado por sua autora de "possibilidade superadora no plano da cultura corporal". Tenho certeza, por fim, de que a obra contribui fortemente para o desenvolvimento de uma Educação Física melhor fundamentada cientificamente e mais preparada pedagogicamente para atuar na escola.

Florianópolis, abril de 2008.

Elenor Kunz

Introdução

Preocupados com as consequências que uma prática pedagógica caótica e incoerente acarreta no processo de formação de sujeitos, propomo-nos a estudar esta realidade por meio do ensino do esporte na escola, contrapondo-nos à forma fragmentada e estranhada da Educação Física (EF) lidar com o conhecimento o que a coloca no senso comum[1].

Nosso ponto de partida, então, para encaminharmos uma análise do desenvolvimento da EF e do esporte no âmbito escolar, é a sua inserção no plano da produção do conhecimento científico. Isto se justifica por entendermos a EF como área de conhecimento que trata da cultura corporal[2],

---

[1] Ora usaremos o conceito de senso comum, ora o conceito de cotidiano dependendo do autor que estará nos referentes. Gramsci (1986, 1988), por exemplo, usa o termo "senso comum", já Vigotsky (1999, 2001) usa a expressão "conhecimento cotidiano", sendo que, para ambos autores, significam o conhecimento produzido pelas práticas sociais dos sujeitos em suas vidas cotidianas, essencialmente sem a dimensão do elemento crítico.

[2] Utilizamos o termo "cultura corporal", conforme Coletivo de Autores (1992), no sentido de expressar a ampla e riquíssima produção de práticas expressivo-comunicativas que se externalizam pela expressão corporal e que constitui o âmbito do saber da EF escolar. Entendemos não ser necessário trazer a discussão que envolve esta denominação. Apenas queremos salientar que a expressão cultura corporal recebe algumas críticas de autores como Kunz e Bracht, que denominam o âmbito do saber da EF de cultura de movimento e cultura corporal de movimento, respectivamente.

produzida no processo histórico pelos sujeitos em movimento, portanto, resultante das manifestações sociais dos seres humanos, dentre essas, a ciência.

Por este fato, apreender a produção e o desenvolvimento das práticas pedagógicas da EF e do esporte nos remete a aprender a ciência, compreendendo-a no processo histórico real de sua produção, estritamente relacionado às necessidades que a humanidade vai elaborando para manter, reproduzir e elevar as suas formas de existência.

Os problemas decorrentes dos processos reais da vida, sejam políticos, econômicos e culturais, são solucionados sob o contraponto de diferentes visões de mundo, que, no embate ideológico, contribuem para uma produção de conhecimento conflituosa e estabelecida pelo movimento de contraposição de diferentes saberes.

Situado neste contexto, o campo de conhecimento da EF estabelece, na forma de interpretar a realidade, distintos paradigmas científicos com metas específicas de chegarem ao conhecimento e que orientam a sua relação pedagógica no trato com os conteúdos de ensino, especificamente, aqui neste trabalho, o esporte.

Neste diálogo teórico, a EF compromete-se, de maneira dominante, com uma prática de esporte de cunho eminentemente competitivista, que se embasa numa lógica formal de ciência. Assim, os princípios do esporte de alto rendimento, como a sobrepujança e o selecionamento (Kunz, 1994) são disseminados de maneira irrefletida e assimilados por todos como se fosse "natural" e exclusivamente desejável na EF o desenvolvimento de práticas discriminatórias.

Provém desse processo uma forte contribuição à formação de sujeitos historicamente passivos, imobilizados em suas práticas sociais, limitados à descrição do aparente das coisas e silenciados no processo de construção da cultura elaborada.

Diante das consequências que o desenvolvimento dessa prática de esporte acarreta no processo de formação do sujeito, pretendemos apresentar outra possibilidade que se faz necessária para orientar a relação possível e desejável entre a EF e a prática do esporte no âmbito escolar – relação essa que venha a possibilitar o entendimento do esporte como produto da conquista de homens e mulheres – sendo abordado pedagogicamente em meio ao contexto escolar e aos nexos que constituem a engrenagem das relações sociais capitalistas, pois como nos declara Escobar (1997), na escola, o principal objetivo não é transmitir conhecimento para ser assimilado, mas a partir de uma determinada prática pedagógica – daí a autora utiliza os termos de Marx – reduzir o movimento visível que só aparece no fenômeno, ao verdadeiro movimento interno.

Isso significa que quando nossos alunos vão conhecer a realidade e, aqui, em especial, pelo conteúdo esporte, não será qualquer caminho capaz de validar esse processo, pois de nada adianta utilizarmos um ou outro método de ensino se não temos claros os pressupostos científicos norteadores da nossa ação pedagógica. Acreditamos que no trato com o conhecimento, a relação dialeticamente estabelecida entre sociedade, ciência e educação escolar constitui uma base fundamental para a apropriação da concretude dos fatos, suas relações e interconexões, a partir de que o conhecimento é constituído integradamente.

É nesse patamar de compreensão que acreditamos que, para o desenvolvimento de uma prática pedagógica qualitativamente alterada, faz-se necessário inverter a lógica que se apresenta instituída nas práticas pedagógicas da EF, que é essencialmente desenvolvida por razões pragmáticas, para o exercício de praticas pedagógicas que possibilitem a constituição de práticas sociais cientificamente elaboradas.

Torna-se difícil às pessoas constituírem-se enquanto atuantes no processo histórico a partir do mundo imediato das coisas. Gramsci (1986) nos diz que o sujeito que não possui uma concepção crítica do mundo, e sim uma filosofia espontânea, não tem clareza de sua atuação. Pode ocorrer, inclusive, uma contradição entre sua consciência teórica e seu agir, podendo chegar ao extremo da contraditoriedade, ou seja, a imobilização da escolha e da ação nos sentidos moral e político.

Por estas razões, entendemos que um projeto pedagógico que direcione a área da EF e especificamente o ensino do esporte deve contemplar, em seu interior, uma lógica de conhecimento que permita a apreensão, no plano do pensamento, do movimento contraditório presente na realidade social e, consequentemente, no fenômeno esportivo.

Com esta perspectiva, a partir da teoria social do materialismo histórico e dialético, esta obra apresenta uma possibilidade epistemológica para o desenvolvimento de uma didática superadora para o ensino do esporte escolar, possibilitando a formação de sujeitos sociais, especificamente professores e alunos, capazes de superarem as práticas imediatistas de sua realidade cotidiana.

Usamos enquanto "pano de fundo" em nosso processo de conhecimento as categorias da possibilidade e da realidade.

Cheptulin (1982) esclarece que pela passagem do fenômeno à essência conhecemos não somente seus estados reais, como também seus estados possíveis, ou seja, os estados não existentes, mas que surgirão necessariamente em determinadas condições. Pelo fato do estado real não ser idêntico ao estado possível, faz-se necessário diferenciar o primeiro do segundo.

Do ponto de vista do materialismo histórico "a realidade é o que existe realmente, e a possibilidade é o que se pode produzir quando as condições são propícias" (CHEPTULIN, 1982, p.338).

Neste aspecto, podemos dizer que a possibilidade também tem uma existência real, pois sendo capaz de transformar-se de uma coisa em outra ou de um estado qualitativo em outro, condiz com um momento da realidade, como existência real. A possibilidade transforma-se em realidade, e é por isso que podemos defini-la como uma possibilidade já realizada, e a possibilidade, como realidade potencial.

Se a possibilidade somente se transforma em realidade perante a existência de condições determinadas, é possível, conhecendo as possibilidades, criar as requeridas condições, acelerar ou retardar sua transformação em realidade.

Analisamos, portanto, a realidade do conhecimento em EF e em esporte no sentido de saber o que representa esta realidade, neste momento, para podermos olhar para frente, construirmos as condições necessárias para transformar em realidade o que hoje, ainda, apresenta-se como possibilidade.

Para isso, apresentamos como ponto de partida, no capítulo I, a realidade da produção de conhecimento em EF e em esporte, no qual percorremos um caminho que demonstra:

– O processo de cientificização da EF e do esporte;

– O debate epistemológico presente no interior da área que traz a discussão em torno da tese da EF querer tornar-se uma ciência;

– O movimento de contraposição ao modelo de cientificização da EF e do esporte, em que apresentamos algumas propostas existentes na área, sustentadas cientificamente por outras concepções como a fenomenologia, o marxismo e a teoria crítica;

– Apresentamos considerações sobre o movimento pós-moderno e suas implicações no campo de conhecimento em EF e em esporte;

– Finalizamos este primeiro momento realizando algumas considerações sobre os problemas gerados pelo desenvolvimento da prática pedagógica da EF e do esporte.

Em um segundo momento, no capítulo II, apresentamos possibilidades superadoras no plano da cultura corporal, articulando as seguintes partes:

– A cultura corporal como uma prática social objetivada e apropriada no processo da formação da existência humana;

– A ciência como uma prática social objetivada e apropriada no processo da formação da existência humana;

– Discutimos questões referentes à educação escolar, apresentando-a como uma prática mediadora entre sujeito e natureza;

– Fechamos este capítulo trazendo questões relevantes que devem ser consideradas quando discutimos a didática e o seu desenvolvimento no interior da escola.

E, por fim, no nosso ponto de chegada, capítulo III, apresentamos uma possibilidade epistemológica para o processo de ensino do esporte na escola.

Capítulo I

O PONTO DE PARTIDA:

1. O conhecimento em EF e em esporte: realidade existente

Sem a intenção de construir um "mosaico" de conceitos sobre a EF e o esporte, partiremos da produção literária existente, trazendo dados suficientes para que seja possível demonstrar como se apresenta, hoje, a realidade da EF e do esporte, especificamente no que diz respeito ao conhecimento científico que sustenta as suas práticas pedagógicas. Ao nosso ver, a importância de entendermos a relação estabelecida entre EF e esporte e o conhecimento científico consiste não somente em estabelecer como se pesquisa, mas também compreender que, em um processo de ensino, os aspectos metodológicos expressam-se pelas opções científicas e pela maneira como estabelecemos a relação entre o conhecimento e a realidade.

Apreender enquanto ponto de partida o conhecimento científico que sustenta as práticas pedagógicas da EF e do esporte torna-se importante quando pretendemos apresentar perspectivas de superação para o ensino do esporte na escola, pois na visão metodológica do materialismo histórico e dialético, a apropriação do conhecimento no plano do pensamento parte do empírico ou real-concreto, passando pela mediação das análises (abstrações) para se chegar novamente ao concreto, este não visto mais de maneira empírica, e sim como concreto-pensado, "uma totalidade articulada, construída e em construção" (SAVIANI, 1985, p.12). Portanto, é por meio da dialética materialista que faremos a construção de nossas reflexões, salientando que a dialética se fará presente tanto na forma como no conteúdo desta produção.

1.1. O processo de cientificização da EF e do esporte: problemas gerados

A produção de conhecimento da área da EF, que se movimenta no decorrer do tempo, demonstra um determinado consenso quanto à posição de que a área estabelece uma relação especial com o esporte, restringindo a EF ao desenvolvimento dos princípios do esporte de alto rendimento que se sobressaem frente aos significados da cultura corporal dos sujeitos.

É nos estudos de Bracht (1993, 1997, 1999), Kunz (1991, 1994) e Silva (1990, 1997) que encontramos, mais explicitamente, conteúdos em torno desta problemática. Lançaremos mão desses autores com o fim de sustentar a leitura de realidade que faremos da prática pedagógica do esporte e a relação estabelecida entre os seus valores e os da cultura moderna.

Bracht (1997a) nos diz que o esporte moderno constitui-se, enquanto resultado de modificações/esportivizações de jogos populares, na sua maioria com bolas, das classes populares inglesas ou elementos da cultura corporal da nobreza inglesa. Ligados a festas (da colheita ou religiosas), os jogos populares perdem seus significados diante das novas condições de vida geradas pelos processos de industrialização e urbanização da sociedade moderna. Por meio de um processo de dominação cultural, as manifestações culturais perdem seus significados originais.

Contudo, torna-se limitado refletir o desenvolvimento do esporte moderno como se ele tivesse plena independência sob as sociedades que o antecederam. Bracht (1997a) argumenta que a relação entre as práticas de esporte nas diferentes sociedades estabelece-se por meio de algumas características situadas no plano da "forma" (movimentação de uma bola com os pés e as mãos, espaço específico de jogo, esforço físico-corporal de grupos em confronto) e no plano da "propensão do homem ao jogo", mas que o esporte moderno apresenta novos aspectos centrais na sociedade atual, constituindo-se em uma nova instituição, autonomizando-se em relação àquelas que eram de caráter religioso e militar. Em tais sociedades, as práticas esportivas não deixaram de apresentar o elemento da competição, mas este ficava embutido nos jogos e costumes. A competição era, portanto, um entre outros elementos. Já na sociedade moderna, o esporte cada vez mais acompanha os processos de comportamento racional e de rendimento desenvolvidos pelo novo sistema econômico: o capitalismo.

Neste contexto, as práticas corporais foram resignificadas em meio à crescente racionalização e orientação para o rendimento e a competição que se desenvolvem nas práticas sociais modernas. O esporte passa, então, de forma determinante, a ser visado e a EF torna-se sinônimo de desporto de alto rendimento. O projeto que privilegia o treinamento desportivo ganha crédito por parte da classe governamental, que vê, nesse campo, espaço para disseminar a ideologia da representatividade frente à política internacional por meio do ganho de medalhas olímpicas, como também meio para que os cidadãos esqueçam os conflitos sociais ocasionados pelo novo modelo produtivo. Neste sentido, Bracht (1997b) diz que "tão rápido e tão 'ferozmente' quanto o capitalismo, o esporte expandiu-se a partir da Europa para o mundo todo e tornou-se a expressão hegemônica no âmbito da cultura corporal de movimento" (p.05).

Este cenário sustentou-se por um projeto científico estabelecido por uma concepção racional que contribuiu e continua contribuindo para firmar as práticas sociais modernas como o individualismo, a competição e o selecionamento.

Há uma profunda ligação da ciência com o desenvolvimento da indústria moderna, pois as profundas transformações econômicas geraram desafios à ciência, cabendo a ela a competência de respondê-los.

Desta forma, no processo de conhecimento da ciência moderna, marcado pelo conhecimento desenvolvido por Galileu, Bacon, Descarte e Newton, entre outros, os cientistas naturais conquistam direitos exclusivos pelo fato do conhecimento desenvolvido pelas ciências naturais apresentarem-se dotadas de sentido que viriam a dar conta da palavra de ordem que prevalecia: o progresso.

Para o alcance deste, a necessidade consistia na busca de leis universais naturais baseadas no estudo da mecânica, de maneira que o universo perde a concepção do cosmos aristotélico-medieval e passa a ser regido por leis universais.

Com este sentido, os cientistas sociais procuraram, também, a melhor maneira de garantir este conhecimento exato e, por meio da teoria positivista, os fenômenos sociais passam, então, a ser entendidos dentro da mesma ótica dos fenômenos naturais.

Com este caráter crítico, o positivismo teve dimensão utópica, ou seja, caracterizou-se como visão social de mundo que tivesse "função crítica, negativa e subversiva, quando apontasse para uma realidade ainda não existente" (LÖWY, 1995, p.14).

Num primeiro momento, Condorcer ressaltou a necessidade de se fazer das ciências sociais conhecimento exato, neutro e objetivo, determinado pelo modelo das ciências da natureza e livre de preconceitos, interesses e paixões da classe dominante da época. O mesmo considerava, segundo Löwy (1995), que

> Como na marcha das ciências físicas os interesses e as paixões não pertubavam, o mesmo deve acontecer nas ciências da sociedade; e, até o momento, esses interesses e paixões entravam como elementos de perturbação no conhecimento (p.37).

A ciência na sociedade seguiria o método científico (natural), superando o controle por parte da classe dominante (igreja, feudalismo, monarquia). O caráter utópico do positivismo segue com Saint-Simon, pelo seu modelo de "fisiologia social". Ele problematizava o caráter organizador das classes sociais relacionando a sociedade com o organismo humano, opondo-se, assim, à ordem estabelecida.

Porém, o positivismo transmuta de visão utópica e objetiva-se em ideologia que serve "para legitimar, justificar, defender ou manter a ordem social do mundo" (ibid, p.14).

A partir do século XIX, com Augusto Comte, considerado seu fundador, o Positivismo caminha em defesa da ordem estabelecida, agora com a burguesia e a industrialização em pleno exercício do poder. Para Comte, "o pensamento tem que ser inteiramente positivo. Dever-se-ia acabar com toda a crítica e negatividade, isto é, com a dimensão revolucionária do pensamento" (ibid, p.38).

O modelo de objetividade científica positivista apresenta-se, hoje, em nossa sociedade, de forma hegemônica e profundamente comprometida com as forças capitalistas de produção. Sua estrutura é composta por um número de premissas que, de acordo com Löwy (1994), são as seguintes:

1. A sociedade é regida por leis naturais, isto é, invariáveis, independentes da vontade e da ação humana; na vida social reina uma harmonia natural.

2. A sociedade pode, portanto, ser epistemologicamente assimilada pela natureza (o que classificaremos como "naturalismo positivista") e ser estudada pelo método da natureza.

3. As ciências da sociedade, assim como as da natureza, devem limitar-se à observação e à explicação causal dos fenômenos, de forma objetiva, neutra, livre de julgamentos de valor ou ideologias, descartando previamente todas as prenoções e preconceitos.

O espírito positivista, a partir dos anos 1920 e 1930, funda nova fase denominada Positivismo Lógico, empirismo lógico ou, ainda, Neopositivismo, agora acrescido de novas lógicas formais. Os representantes mais influentes desta época foram o Círculo de Viena e Karl Popper.

Bombassaro (1992), quando analisa a epistemologia contemporânea, conta que o Círculo de Viena foi fundado em 1929 por pesquisadores de áreas distintas envolvidos por objetivo comum: "proceder à investigação e realizar a divulgação da concepção científica do mundo" (p.27).

Para tal realização, o Círculo de Viena tinha como princípio a filosofia empirista e positivista, na qual o conhecimento somente é possível vindo da experiência com o dado imediato e servindo-se do método filosófico da análise lógica da linguagem.

Portanto, as suas principais preocupações constituíram-se, segundo Bombassaro (1992), em:

Aplicação de conceitos lógicos para a construção racional dos conceitos científicos; a exigência de verificabilidade[3] dos enunciados; a procura de critérios de significado empírico e a consequente recusa da metafísica; a superação da distinção entre ciências da natureza e as ciências humanas por meio do recurso à tradução geral para a linguagem da ciência unificada etc (p.27).

Karl Popper, ao mesmo tempo em que defende os princípios da filosofia empirista, faz também críticas ao Círculo de Viena. Por isso, pode ser citado como o responsável pelo "racionalismo crítico".

De acordo com ele, os principais problemas consistiam na "lógica da investigação, no critério de demarcação e na objetividade científica" (ibid, p.28).

Para a lógica da investigação, Popper não aceita a lógica indutiva[4] proposta pelos membros do Círculo de Viena por acreditar na impossibilidade de se chegar a conclusões gerais e verdadeiras partindo de observações de casos particulares. Somente a lógica dedutiva[5] garantiria a verdade das conclusões.

---

[3] Mais tarde, no próprio movimento do Círculo de Viena, esse critério foi substituído pelo critério de confirmabilidade.

[4] Argumentação que parte de dados singulares com quantidades suficientes para garantir verdade universal. A conclusão é derivada da experiência sensível, fundamentando grande parte do nosso conhecimento cotidiano, sendo também válida cientificamente.

[5] Argumento baseado em duas premissas. Existe uma ligação de dois termos por meio de um terceiro, no qual a conclusão é decorrente do conteúdo das premissas. Ex: todos os homens são mortais. Sócrates é homem. Sócrates é mortal.

Segundo Popper, o critério de demarcação é elemento central para a distinção entre ciência e não ciência. Recusa o critério de verificabilidade ou confirmabilidade do Círculo de Viena e passa a defender a falseabilidade. O valor científico de uma teoria é medido pela sua possibilidade de ser falseado pela experiência. Com a introdução deste critério, Popper é levado à construção de uma "epistemologia coletiva", segundo a qual o avanço do conhecimento científico e o progresso racional humano estão diretamente vinculados à capacidade humana de errar. Essa ideia de progresso é possível pelo fato de uma mesma teoria ser corrigida por outros fatos que a falsificam.

Quanto ao problema da objetividade científica, Popper defende a objetividade do conhecimento científico dependente de base empírica.

Assim, a teoria positivista toma frente não somente na concepção de sociedade, mas também na concepção de conhecimento científico.

Este teria enquanto base a observação dos fenômenos com a preocupação por meio do raciocínio, de descrever suas leis, sem considerar as causas primeiras ou finais. "[...] As ciências possuem, antes de tudo, destinação mais direta e elevada, a saber, a de satisfazer a necessidade fundamental sentida por nossa inteligência, de conhecer as leis dos fenômenos" (CONTE, 1983, 53).

O conhecimento por meio da estrutura lógica, suposição, derivação e verificação, absolutiza-se por ser construído de forma linear e progressiva e, com ele, a razão toma a dimensão da exatidão. Esta concepção de razão se apresenta dominante, hoje, determinando as práticas sociais, constituindo-se no modelo ideológico de racionalidade científica (Souza, 1999).

Não alheio a este quadro apresentado no contexto moderno, a produção de conhecimento da EF segue o modelo da racionalidade científica moderna. E o esporte, com a perspectiva do alto rendimento, passa a ser o vínculo entre a EF e esta sociedade, determinando-se o conteúdo "poderoso" no interior da escola e conquistando os olhares das Ciências do Esporte no interior das universidades (Bracht,1993).

Com este sentido, surgem os cursos de pós-graduação em EF[6], nos quais as pesquisas darão suporte a esta ideologia que justifica a visão biologizada e naturalizada do indivíduo e da sociedade. A EF internalizará e vinculará a ótica da ordem, da hierarquia e da suposta neutralidade científica.

Os estudos desenvolveram-se principalmente vinculados à medicina esportiva, fisiologia, cineantropometria, estruturados na observação, experimentação e comparação, orientando-se de forma determinante numa matriz empírico-analítica (Silva, 1999). É a razão científica absolutizada que determina todos os passos a serem seguidos, a fim de alcançar o modelo de conhecimento adotado pela visão natural/positivista.

Esta teoria de ciência objetiva e neutra, no caso específico da EF, era considerada fundamental pela classe dirigente para a legitimação de suas ações. Para isto, de acordo com Bracht (1993), incentivo à pesquisa na área acontece por meio de algumas iniciativas:

– Envio de grande número de professores para cursar pós-graduação no exterior, principalmente nos EUA

– Convênios e intercâmbios com centros de pesquisa no exterior – por exemplo, com a Escola Superior de Colônia, na Alemanha.

---

[6] Os cursos de pós-graduação em EF, no Brasil, surgem na década de 1970.

– Criação e implantação de cursos de pós-graduação na área da EF/CE.

– Implantação de laboratórios de pesquisa, principalmente de fisiologia do esforço e cinentropometria em alguns centros universitários – por exemplo, na UFRJ e URGS (p.112).

O objetivo consistia em assegurar o sucesso do sistema esportivo, uma vez que pesquisa em EF e em esporte coincidem. O princípio do rendimento vem à tona no esporte e as práticas esportivas passam a orientar-se com vistas à previsibilidade das ações e, com a utilização dos meios tecnológicos, assumem características que, como nos apresenta Grieswelle (1993), pressupõem: 1) O desenvolvimento de um treinamento racional com vistas a um objetivo, baseado na experiência e em métodos fundamentados sistemática e cientificamente; fraccionamento dos exercícios para fins de aprendizagem e treinamento; 2) Regulamentação das forças de movimento dos aparelhos; 3) Sistematização dos exercícios/treinamento; 4) tecnificação na mensuração das performances, no desenvolvimento dos comportamentos das instalações, aparelhos e equipamentos, no desenvolvimento dos comportamentos/ações adequadas; 5) Especialização das atividades; 6) Organizações de competições; 7) Mensuração e quantificação exatas para objetivar as performances (principalmente para comparar performances independentes das condições locais e da época); 8) Crescente orientação para o rendimento e na competição (crescente reconhecimento de performances individuais, busca do recorde; as performances são colocadas num ranking).

Neste contexto, iniciam-se as discussões em torno das produções de conhecimento na área da EF com o intuito de fornecer conhecimento sobre o desenvolvimento das produções científicas. Num primeiro momento, nos anos 1980, estes estudos[7] preocuparam-se em apresentar o número de pesquisas realizadas nas sub-áreas, constatando o desenvolvimento das produções principalmente atreladas à medicina esportiva, fisiologia e cineantropometria que, para Bracht (1993), desenvolvem orientando-se sob a influência das ciências naturais, de forma hegemônica na matriz empírico-analítica.

Bracht (1993) declara que somente a partir dos anos 1990 formularam-se mais claramente as discussões propriamente epistemológicas relacionadas às teorias de ciência que orientam as pesquisas na área[8].

Evidenciam-se os estudos de Silva (1990, 1997) que, por meio da análise das dissertações de mestrado, constata que a produção de conhecimento na EF atrela-se ao método empírico-analítico pelo fato dos pesquisadores serem direcionados pela teoria de ciência positivista, com pequeno crescimento das pesquisas direcionadas pelas bases epistemológicas da fenomenologia-hermenêutica e do materialismo histórico.

> O entendimento dominante de ciência nas pesquisas está atrelado aos princípios da quantificação e matematização dos fenômenos, da análise e descrição dos mesmos, segundo parâmetros estatísticos, da descontextualização e isolamento dos fenômenos ou fatos para sua experimentação e neutralidade do pesquisador, entre outras características, que apontam para uma visão de ciência voltada para a vertente positivista (SILVA, 1990, p.154).

---

[7] Matsudo (1983), Canfield (1988), Tubino (1984) e Faria Jr. (1987).

[8] Gaia (1994), Paiva (1994), Sobral (1992).

Esta conclusão apresenta-se primeiramente na análise das dissertações de mestrado produzidas até 1987. Posteriormente, nas produzidas no período de 1988 a 1994, e que se encontra na sua tese de doutorado, a autora apresenta a mesma conclusão: "A vertente empírico-analítica ainda é dominante na produção científica dos mestrados da área de Educação Física e de Esportes tanto nos mais antigos quanto nos mais recentes" (SILVA, 1997)[9].

A autora, no desenvolvimento deste estudo, descreve em vários momentos a visão de Sujeito, Mundo, Ciência, História, Educação, EF e Esportes etc., presentes nas dissertações investigadas. Quanto à concepção de ciência apresenta-se "atrelada à experimentação e observação dos fenômenos, à verificação de hipóteses e à identificação das relações existentes entre variáveis" (SILVA, 1990, p.144). Na relação sujeito-objeto, o pesquisador limita-se aos "procedimentos, regras, técnicas, passos a seguir e instrumentos de coleta de dados", procurando assegurar o princípio da neutralidade, "exigência das investigações empírico-analíticas" (ibid, p.155).

A compreensão do que seja a concepção de EF e de Esporte segue este sentido, revestido de caráter mecânico e quantificável, ou como coloca a autora:

> Independente da denominação utilizada pelos autores, a Educação Física escolar, Esporte Escolar, Comunitário, de alto nível, ou simplesmente a atividade física, são também entendidos nas pesquisas como atividades associadas à melhoria da saúde, à manutenção do bem-estar geral ou como válvula de escape para a sociedade moderna (estresse, excesso de trabalho, problemas posturais etc. (ibid, p.161)).

---

[9] Resumo de tese de doutorado.

A cientificidade proposta para a EF e o esporte passaram, sobretudo, a ser apreendidas no âmbito da EF escolar, que assumiu os princípios da modernidade, como a competição, o rendimento e a racionalidade técnica.

No processo de parceria que se instalou no decorrer da história entre o poder público e as organizações esportivas que se unem principalmente pelo aspecto econômico, uma das instituições que entra como coadjuvante é a escola "que vai ser instrumentalizada para socializar consumidores e praticantes" (BRACHT, 1997a, p.105), pois saúde, educação e integração constituíram-se, ao longo do tempo, em elementos que tornaram o esporte o conteúdo central da EF escolar, em que os objetivos do desenvolvimento esportivo presentes no espaço escolar, determinados pela prática da competição, não se distinguem dos objetivos do modelo do sistema esportivo de alto nível. Como exemplo, citamos os jogos escolares que são realizados de maneira a promover o princípio da seleção, seja no âmbito interno, entre alunos, como no âmbito externo, entre escolas, chegando ao extremo de as delegacias de ensino considerarem a ordem de classificação das escolas como critério para a distribuição de materiais esportivos[10].

Atender ao propósito das instituições esportivas, sejam públicas ou privadas, passou a ser tarefa dos programas de EF escolar, em que o objetivo limitou-se em chegar às habilidades motoras desportivas. Para isso, a preocupação com o controle do movimento, inclusive na fase de aprendizagem inicial. Nesse caso, com a iniciação esportiva, é reproduzida a ideologia do esporte de alto rendimento, que, uma vez adotado, não possui neutralidade, e passa a estabelecer a

---

[10] Informação contida no livro intitulado *Político Educacional e Educação Física*. Lino Castellani Filho, Campinas, SP: Autores Associados, 1998.

razão técnica, mesmo que a maiorias dos alunos sejam excluídos e oprimidos do e no processo. Neste sentido, Escobar (1997), em pesquisa que trata da construção da teoria pedagógica como categoria da prática pedagógica, desenvolve observação direta na escola e constata:

> A decisão tomada pelo professor observado – e acatada pela escola, tendo em vista a necessidade de participar das competições dos "Jogos Escolares" –, de ensinar o futebol de salão, além de não contemplar a interferência dos alunos na definição dos objetivos, findou na distribuição de um conhecimento essencialmente técnico e, embora essa distribuição pudesse vir a ser defendida como "democrática", contraditoriamente, o aluno foi afastado da possibilidade de se reconhecer como criador e auto-criador e reconhecer seu desenvolvimento material e espiritual. O conhecimento distribuído reforçou, na realidade, a intromissão dos ideais capitalistas pela indução do aluno a "(...) *querer viver para ter e sonhar com novos produtos*" (ANTUNEZ, 1994:99). Lembremos as declarações dos alunos da 5ª série B: "(...) *ser jogadores de futebol profissional. Eles ganham muito dinheiro e também podem ter uma loja de roupas para jogar e outras coisas para praticar esporte*" (ESCOBAR, 1997, p.151).

Assim, a EF escolar passou, também, a contribuir com seus pressupostos teóricos para que a área viesse/venha a construir a sua imagem vinculada aos fundamentos das ciências naturais.

Dessa forma, no âmbito da EF escolar, por meio de uma abordagem "naturalística da história[11]", expressão humana e leis naturais coincidem. Ou nas palavras de Kunz (1991, p.163):

---

[11] Expressão usada por Engels (2000), *Dialética da natureza*, p. 172, no sentido de fundamentar o entendimento dado ao processo social tendo como referencia os aspectos das leis naturais.

O movimento humano nas chamadas Ciências do Esporte ou Educação Física tem recebido sempre uma interpretação baseada nas ciências naturais, ou seja, tem sido interpretado como um fenômeno físico que pode ser reconhecido e esclarecido de forma muito simples e objetiva, independente, inclusive, do próprio ser humano que o realiza [...]. O movimento humano nada mais é do que o deslocamento do corpo ou de parte deste em tempo e espaço determinados.

Nessa lógica, sob a associação causa-efeito, estímulo-resposta, o comportamento humano é explicado na sua aparência externa. Esse processo, ao nosso ver, caracteriza-se pelo imediatismo típico do movimento filosófico empirista que foi a base do desenvolvimento da ciência moderna, em que a aprendizagem, sob o processo metodológico da experimentação, surge como consequência da influência direta dos estímulos externos sobre os alunos.

Vigotsky (1999), ao analisar a questão da relação estímulo-resposta, nos diz que "afinal de contas, a verdadeira essência da experimentação é evocar o fenômeno em estudo de uma maneira artificial (e, portanto, controlável) e estudar as variações nas respostas que ocorrem em relação às várias mudanças nos estímulos" (p.77) e, para o mesmo, essa relação é quantificável, pois se diz que ocorre uma reação simples quando se apresenta um único estímulo, e que a complexidade da resposta aumenta ao aumentar o número de estímulos.

Uma das obras mais influentes sob esta perspectiva de ciência é a *Abordagem Desenvolvimentista* (1988) de Tani et al. De acordo com críticos que refletem pontos relevantes das principais propostas pedagógicas e suas bases epistemológicas, a referida proposta é construída sob a ótica funcionalista e parcial da realidade, portanto, a partir de uma razão formal. "Fica evidente quando Oliveira capta um reducionisno de cunho biológico e a matriz teórica positivista que a embasa" (FERREIRA, 1995, p.197).

Contudo, desta proposta emergir nos anos 1980, época em que a EF escolar vive momentos de criticidades, Tani et al. continuaram vinculados à visão tradicional e conservadora da educação, usando como meio o espaço pedagógico da Educação Física no âmbito escolar, para conservar os valores desta.

Extraindo do desenvolvimento humano e aprendizagem motora a contribuição aos "padrões de movimento" e "habilidades motoras básicas", defendem a aquisição destas – andar, correr, saltar, arremessar, receber, rebater, chutar e quicar – e a melhor eficiência em sua combinação, como base para as habilidades desportivas. Logo, o estágio de desenvolvimento mais avançado – fase de movimentos relacionados ao desporto – depende do talento individual, das oportunidades e motivação oferecidas ao indivíduo. Atendendo a este propósito, percebemos que o objetivo principal de tal proposta é chegar, como foi colocado anteriormente, às habilidades desportivas. Por isso a preocupação com o controle mecânico do movimento na fase da aprendizagem básica, para que o executante, quando na fase superior, não se preocupe com outros aspectos paralelos. "Mudança mais significativa que ocorre durante as fases de aprendizagem é que a performance se torna cada vez mais independente das demandas da atenção" (TANI et al., 1988, p.96).

No processo ensino-aprendizagem cabe, então, ao professor, contribuir para o alcance do objetivo estabelecido, que consiste na "solução de um problema motor" (ibid, p.92). Para melhor solucioná-lo, é necessário que o aluno processe informações tanto do ambiente externo, como do próprio corpo, "proprioceptivo", e selecione "um plano motor" que atenda às perspectivas de executar o movimento. No decorrer da execução, recebe informações "sobre/como o movimento está sendo executado" e, após, referente ao resultado do movimento, ou seja, "se o movimento executado alcançou ou não o objetivo desejado" (ibidem). Estas informações são denominadas "feedback", nos quais o professor auxilia usando conhecimentos basicamente de controle motor. "Para o professor desempenhar adequadamente esta função, antes de mais nada necessita ter a capacidade perceptiva de detectar erros nas performances dos seus alunos, partindo da observação do comportamento deles" (ibid, p.93).

É na relação certo/errado, bom/ruim que se estabelece a prática pedagógica, em que o professor toma decisão, não proporcionando a problematização/contextualização dos acontecimentos.

Sem possibilidade à elaboração do saber crítico, o ser humano formado constitui-se em organismo composto por diversos sistemas que funcionam de maneira harmônica e se relacionam hierarquicamente. "Para efeito de nossa discussão, podemos ver o organismo composto por sistemas de órgãos que, por sua vez, são compostos por tecidos, células e organelas" (Tani et al., 1988, p.24).

Não intencionamos, neste momento, aprofundar os aspectos epistemológicos da referida proposta, mas demonstrar o quanto esta contribuiu com seus pressupostos teóricos para que a EF viesse a construir a sua imagem vinculada aos fundamentos teóricos das ciências exatas.

Não podemos deixar de refletir que atualmente busca-se a legitimidade da EF no âmbito escolar, também sob o prisma da promoção da saúde. Sob esta direção, existem propostas que buscam diálogo entre ciências naturais e ciências sociais, superando a visão biologicista dos conteúdos da EF e proporcionando a promoção da saúde numa perspectiva crítica, na qual "a educação para a saúde inclui a organização e mobilização em defesa da saúde pública, sucateada e privatizada no neoliberalismo" (FERREIRA, 1995, p.30). Por outro lado, o que apresenta a maioria destas propostas é o desenvolvimento biológico-motor, em que destacamos, a propósito de exemplo, a de currículo em Educação Física, apresentada por Guedes e Guedes, que na análise de Ferreira (1997), ao objetivar promover a adoção por parte do educando de um modo de vida saudável, acaba restringindo-se à visão funcionalista e apolítica frente à sociedade, indicando atividades esportivas e componentes da aptidão física.

> No texto, transparece a ideia de que todo organismo social é positivo e funcional, não devendo ser contestado (de fato não o é): há, entretanto, uma disfunção no organismo, cabendo à EF intervir (neste 'órgão doente') revertendo esse quadro disfuncional para que o organismo volte a funcionar harmonicamente. Logo, a visão funcionalista é clara e reflete uma ideologia liberal implícita (p.22).

Acreditamos que, mais uma vez, por meio de mais um espaço de saber, a EF compromete-se com um projeto de razão direcionado pela visão natural/positivista que, sob conteúdos relacionados à fisiologia, cineantropometria e nutrição, advogam adaptações orgânicas e esforço físico numa neutralidade ideológica, típica das ciências naturais que não consideram que as necessidades dos seres humanos, mesmo as biológicas, "são satisfeitas socialmente" (ibid, p.25). Desta forma, a sociedade é vista sob a categoria do rendimento, consequentemente do "liberalismo, funcionalismo, biologicismo, positivismo e adaptação à ordem vigente" (ibid, p.26).

A elaboração destas propostas, tanto a desenvolvimentista, quanto a vinculada à promoção da saúde, que contempla, em seu conteúdo um discurso crítico, principalmente em um momento no qual se intensificam as posturas críticas em contraposição à escola e à sociedade vigente, vem a causar confusão ideológica, atrapalhando os educadores e contribuindo para o movimento hegemônico da EF, que estabelece os princípios do esporte de rendimento como meio educativo.

A racionalidade científica moderna e o processo de racionalização da EF e do esporte desenvolvem-se paralelos e, assim, eles buscam a sua cientificidade, inclusive no âmbito da denominação, enquanto ciência.

Para melhor esclarecer a questão da EF querer tornar-se ciência, neste momento do estudo, proporcionaremos uma discussão trazendo parte do debate presente no interior da área referente à sua identidade epistemológica. Esta discussão tem a intenção de melhor esclarecer o cenário da produção do conhecimento da área, como também melhor fundamentar a nossa concepção epistemológica que norteará o trato pedagógico que daremos ao esporte.

1.2. Identidade epistemológica da EF e do esporte: ciência ou ciências?

Usaremos como obra básica para discutir a questão da identidade epistemológica da EF, o livro intitulado *Educação Física & Ciência: Cenas de um casamento (in)feliz,* de autoria do prof. dr. Valter Bracht. A referida publicação data do ano de 1999 e reúne os trabalhos do autor produzidos entre 1991 e 1996, sobre o tema EF e ciência.

No momento anterior, dissemos que o esporte passou a ser o vínculo entre a EF e a sociedade moderna, contribuindo significativamente para a produção do conhecimento científico da área.

Bracht (1999) confere ao esporte, em grande parte, enquanto fenômeno social de importância sociopolítica, a determinação do surgimento de organizações científicas de ciências do esporte, fato que ocasionou o surgimento do debate epistemológico na área da EF. Este debate leva o autor, juntamente com Betti (1996), a concluir que hoje as posições sobre a identidade epistemológica da EF na discussão brasileira podem ser resumidas e classificadas em dois grandes grupos:

a) Aqueles que entendem que a própria EF é uma ciência ou que no seu âmbito se construiu uma nova ciência, denominada, às vezes, de ciência da Motricidade Humana, e outras de Ciência do Movimento Humano, ou ainda Cinesiologia e também Ciência do Esporte;

b) Aqueles que a entendem como uma prática social de intervenção imediata e que, enquanto prática humana, necessita ser teoricamente elaborada.

No primeiro grupo, a legitimidade da EF somente seria alcançada quando reconhecida como ciência. Abordaremos, neste grupo, a tese da ciência da Motricidade Humana (CMH) do filósofo português Manoel Sérgio Vieira da Cunha[12]. Fundamentar-nos-emos na sua obra *Educação Física ou Ciência da Motricidade Humana?* e levaremos em

---

[12] A escolha desta tese justifica-se por concordarmos juntamente com Santos (1999) que a mesma alcançou considerável penetração no campo acadêmico da EF, inclusive constituindo-se em matriz disciplinar norteadora do projeto curricular da Faculdade de EF da UNICAMP.

conta, principalmente, as reflexões produzidas por Bracht acerca desta tese.

No segundo grupo, Bracht situa-se e vê a EF como uma prática pedagógica e entende que, enquanto tal, requer um corpo de conhecimento que a sustente. As duas teses serão discutidas simultaneamente, pois entendemos que ambas trazem elementos que se relacionam, configurando o importante debate epistemológico presente na EF.

Em defesa da Ciência da Motricidade Humana, Sérgio (1989) explica que a EF não pode ser uma ciência porque a expressão "ciência da EF" não atende ao rigor de linguagem exigido pelas ciências, como também uma ciência somente constitui-se com o seu próprio e autônomo objeto teórico. Para o autor, torna-se difícil enquadrar na EF o necessário rigor científico, pois esta pede de empréstimo a outras ciências – Biologia, Psicologia, Sociologia – modelos de inteligibilidade. A partir desta reflexão, Sérgio (1989) propõe a criação da Ciência da Motricidade Humana, entendendo que "as condutas motoras emergem do treino, da dança, da ginástica, da motricidade infantil, do esporte, do circo, do jogo esportivo, da ergonomia, da reabilitação e educação especial. Com a regularidade que permite a construção de estruturas ou modelos, que permite, afinal, algumas generalizações" (p.34).

O autor propõe o movimento humano como objeto de estudo da Ciência da Motricidade Humana e defende a sua relação epistemológica a ciências do homem. Afirma que "a ciência do movimento humano tem, portanto, o seu lugar assegurado entre as ciências do homem, como uma região da realidade bem específica: o movimento humano" (SÉRGIO apud SANTOS, 1999, p. 109).

Bracht, desde 1993, no ano em que o Colégio Brasileiro de Ciências do Esporte (CBCE) completou quinze anos de existência, questiona: que ciência é essa? Para Bracht (1999), o campo acadêmico da EF incorporou cada vez mais, de maneira intensa, as práticas científicas, o que determinou a criação de entidades e eventos científicos próprios e a definição de programas de apoio à pesquisa nos cursos de pós-graduação. Porém, o que predomina na produção do conhecimento da EF é o enfoque disciplinar ou monodisciplinar determinado pela chamadas disciplinas mãe. O autor declara que parte da crise da identidade da EF vem do desejo de tornar-se ciência, como também da constatação de sua dependência de outras disciplinas científicas. Bracht (1999) usa a expressão "a EF é colonizada epistemologicamente por outras disciplinas" (p.33).

E, neste sentido da discussão, diz que:

> Assim, no processo de sua constituição, o campo acadêmico da EF fragmentou-se; as línguas científicas faladas são diferenciadas, específicas. No campo da EF, no que diz respeito à produção do conhecimento científico, surgiram os especialistas, não em EF, mas sim em fisiologia do exercício, em biomecânica, em psicologia do esporte, em aprendizagem motora, em sociologia do esporte etc. (p.31).

Bracht (1999) defende a ideia de que a EF não é uma ciência, mas está interessada na ciência e nas suas especificações. Portanto, para o autor, a EF é antes de qualquer coisa uma prática pedagógica, constituindo-se, então, em uma prática de intervenção imediata e diz que reconhecer a EF primeiro enquanto prática pedagógica é fundamental para o reconhecimento do tipo de conhecimento, de saber necessário para orientá-la e para o reconhecimento do tipo de relação possível/desejável entre EF e o saber científico, ou as disciplinas científicas.

Sendo a EF uma prática de intervenção para o referido autor, o que a caracteriza é a intenção pedagógica com que trata um conteúdo que é configurado e retirado do universo da cultura corporal de movimento.

Ora, o objetivo de uma prática pedagógica não tem as mesmas características fundantes de um objeto de uma ciência. O objeto da EF enquanto prática pedagógica é retirado do mundo da cultura corporal de movimento, é selecionado a partir de critérios variáveis, ou seja, dependentes de uma teoria pedagógica, desse universo (p.33).

Com esta posição, Bracht (1999) fundamenta não somente sua posição em relação à ideia de que a EF não é uma ciência, como também sua posição contra a formação da Ciência da Motricidade Humana defendida pelo filósofo Manoel Sérgio, especificamente a tentativa do mesmo em querer fazer o movimento humano objeto de estudo de uma ciência. Para Bracht (1999), neste âmbito ocorre um equívoco que denomina "uma concepção empirista ingênua de ciência" (p.32) e refere-se ao fato da confusão estabelecida entre objeto científico e algum fato/fenômeno ou recorte da realidade. "O movimento humano por si só não é um objeto científico, são antes os problemas que lhes são colocados sob uma nova perspectiva que podem configurar um novo campo do conhecimento" (ibidem).

Portanto, retirado do universo da cultura corporal de movimento, o autor configura o objeto de estudo da EF, de maneira mais abstrata, enquanto sendo a cultura corporal de movimento, pois entende que a EF está interessada nas explicações, compreensões e interpretações sobre as objetivações culturais do movimento humano fornecidas pela ciência com o objetivo de fundamentar sua prática porque:

Nós, da EF, estamos confrontados com a necessidade de constantemente tomar decisões sobre como agir. Por exemplo: sobre o conteúdo dos meus planos de ensino; sobre a quantidade e a intensidade de exercícios; sobre o método de ensino a adotar para ensinar um esporte; sobre a forma de reagir frente a uma atitude agressiva de um aluno etc. Com base em qual conhecimento eu tomo essas decisões? Como ter certeza de que as decisões que tomei são corretas? (ibid, p.33).

Nesta discussão, Bracht (1999) esclarece que a definição do objeto da EF está relacionada com a função social ou o papel social a ele atribuído. A função social define o tipo de conhecimento buscado para a sua fundamentação. Assim, este, por sua vez, determina a função atribuída à EF. Em análise de como se tem dado o entendimento desse saber próprio da EF ou a sua especificidade identificou, além da cultura corporal, da cultura de movimento ou cultura corporal de movimento, mais duas expressões chaves:

a) atividades físicas ou atividades físico-esportivas ou recreativas;

b) movimento humano ou movimento corporal humano, motricidade humana e movimento consciente.

A primeira expressão, "atividade física" ou "exercício físico", apresentam-se marcados pela ideia de que a função atribuída à EF vem a contribuir para o desenvolvimento da aptidão física no plano do conhecimento, pertencem, visivelmente, ao arcabouço conceitual das ciências biológicas. Nesta perspectiva, a EF é considerada disciplina que, pelas atividades físicas, promove a educação integral do ser humano, porém, "a conotação, na prática, à do desenvolvimento físico-motor ou da aptidão física, servindo a 'educação integral do ser humano' para satisfazer/caracterizar o discurso pedagógico" (BRACHT, 1999, p.43).

Já, no segundo grupo, a EF, absorvendo o discurso da aprendizagem motora, do desenvolvimento motor, da psicomotricidade e, até num certo sentido, da antropologia filosófica, passou a privilegiar as denominações movimento humano ou motricidade humana. A partir desta perspectiva, atribui-se à EF a importância do movimento para o desenvolvimento integral da criança. Neste caso, "a EF é a educação do e pelo movimento[13]" (ibid, p.44). A base teórica provém da psicologia da aprendizagem e do desenvolvimento. Nestes casos, o movimento repercute sobre a cognição, afetividade ou domínio afetivo. Para Bracht, esta abordagem não supera a perspectiva da psicologia, fato que, segundo o autor, para a questão pedagógica torna-se problemático.

Nestas construções, (biológica e psicológica do desenvolvimento) o objeto é visto "não como construção social e histórica, e sim como elemento natural e universal, portanto não histórico, neutro política e ideologicamente, características que marcam também a concepção de ciência na qual vão sustentar suas propostas" (BRACHT, 1999, p.45).

Para Bracht (1999), o objeto de uma prática pedagógica é uma construção histórica e social em que os pressupostos teóricos são fundantes. "Não é possível dissociar o fenômeno do discurso da teoria que o constrói enquanto objeto (pedagógico)" (p.45). Sendo, então, a cultura corporal de movimento objeto da EF o movimentar-se é compreendido "como forma de comunicação com o mundo que é constituinte e construtora de cultura, mas também, possibilitada por ela" (ibid, p.45), pois o que caracteriza o movimento

---

[13] O autor cita como exemplo a abordagem desenvolvimentista de Tani et al. (1988) e a obra *Educação de Corpo Inteiro*, de Freire (1992).

enquanto humano "é o sentido/significado do mover-se, sentido/significado mediado simbolicamente e que o coloca no plano da cultura[14]"(ibidem).

Por meio desta fundamentação apresentada por Bracht (1999), se tem a possibilidade de melhor compreender os aspectos contraditórios apresentados pela tese da formação da ciência da Motricidade Humana. Neste sentido, Santos (1999), usando a discussão referida por Bracht (1999), esclarece um aspecto contraditório, entre outros, presente na tese de Manoel Sérgio. Para Santos (1999), se as diferentes disciplinas que se ocupam do estudo do movimento humano orientam-se por matrizes epistemológicas específicas, ou seja, direcionam-se por princípios epistemológicos das ciências naturais ou das ciências sociais e humanas[15] "como defender a inserção da suposta CMH no interior das ciências do homem (SCH), (...) se ela não pode prescindir dos conhecimentos acerca do movimento humano oriundos das ciências da natureza?" (p.110). Fica, então, uma questão a ser explicada por Manoel Sérgio: qual seria a especificidade, a maneira própria da ciência da Motricidade Humana abordar o movimento humano?

Para Bracht (1999), então, seria mais importante para o campo acadêmico interpretar a EF como prática pedagógica, pois até a questão da interdisciplinaridade não está clara

---

[14] Bracht (1999) chama a atenção para o fato de que o conceito de cultura pode ser definido e operacionalizado tanto em termos social como em termos politicamente conservadores e articula um conceito de cultura que se coadune com os pressupostos sociofilosóficos da educação crítica.

[15] O autor cita o seguinte exemplo: a fisiologia e a biomecânica (ciências naturais) estão interessadas em explicar os aspectos fisiológicos ou biomecânicos do movimento humano. Já a filosofia e a sociologia (ciências sociais e humanas) estão interessadas na explicação do movimento humano na sua dimensão filosófica e sociológica.

para a EF, pelo fato de a área não dispor de uma epistemologia interdisciplinar e cita Parlebas (1993), que comenta que "se postula que a adição de conhecimentos que provem de distintos horizontes vão harmonizar-se numa unidade. Tal milagre, porém, não se pode produzir"(apud BRACHT, 1999, p. 38). Sob esta posição, entende Bracht (1999) que o teorizar específico da EF "deveria concentrar-se exatamente na integração das diferentes abordagens. Seria um teorizar sintetizador de conhecimentos à luz das necessidades específicas da prática pedagógica" (p.39).

Porém, tanto para Bracht (1999) como para Betti (1994), a complexidade da questão aparece quando na área da EF existe um saber prático ou corporal que resiste à teorização, ou seja, o saber da EF, diferente do saber conceitual, abarca uma ambiguidade que se constitui em: "a) ser um saber que se traduz num saber fazer, num realizar 'corporal'; b) ser um saber sobre esse realizar corporal"(BRACHT, 1999, p.48).

Bracht (1999) diz que no momento em que a EF apresenta enquanto objeto, a atividade física ou o movimento humano, a ambiguidade tende a ser resolvida a favor da dimensão prática ou do fazer corporal em detrimento à totalidade do sujeito.

A ambiguidade continua quando no trabalho com o entendimento de cultura corporal de movimento como objeto da EF, desenvolve-se o "pré-conceito" de que o que estava/está sendo proposto é um discurso sobre o movimento, retirando-o enquanto centro da prática pedagógica da EF.

Bracht (1999) continua sua análise citando o desdobramento que se estabelece em função desta ambiguidade: a relação natureza e cultura. Cita Cullen (1995), quando este chama de encruzilhada a busca de situar o lugar do corpo na cultura. Para este autor, são marcas do corpo a "singularidade", já para a cultura seria o "reino do comum". Assim, a encruzilhada se estabelece quando buscamos culturalizar o corpo tornando-o semelhante e, dessa forma, reprimimos sua singularidade ou quando buscamos desculturalizar o corpo reduzindo-o à diferença ou nas palavras de Bracht (1999) "o corpo naturalizado ou o corpo culturalizado?" (p.50). E o mesmo lança o desafio: como culturalizar sem desnaturalizar?

Com esta discussão epistemológica, Bracht (1999) demonstra que não é possível fundamentar a existência de uma nova ciência e defende a posição política de envidar esforços para o teorizar em EF, do qual este está frente a vários desafios:

> Dentre eles, destacamos a necessidade de articular organicamente os conhecimentos produzidos acerca do movimentar-se humano pelas diferentes disciplinas científicas; articular o conhecimento da realidade com uma visão prospectiva da realidade, portanto, uma visão de homem, de mundo e sociedade – articular descrição com prescrição; articular o saber conceitual com o saber prático (p.145).

O autor, quando fala em teoria da EF, não insiste na sua adjetivação enquanto teoria científica, pelo menos não nos parâmetros da ciência clássica/predominante, ao mesmo tempo em que deixa claro que não abandonou a pretensão de racionalidade para essa teoria. Ao contrário, chama a atenção para a necessidade da elucidação do conceito de racionalidade científica no fazer discursivo e prático. Critica o debate epistemológico atual que de um lado indica a superação da razão científica predominante, e de outro apresenta um certo relativismo propenso a abandonar "a pretensão da fundamentação racional da prática" (ibid, p.144) e diante da tese que defende o relativismo científico em abdicação ao universalismo científico da modernidade, questiona se esse também não é "um fundamento com pretensão universal" (ibid, p.142).

Apresenta como proposta para a superação de alguns desses empasses a teoria da razão comunicativa de J. Habermas no sentido de orientar uma possível teoria da prática que englobe, sob esse novo conceito de razão, a razão teórica, a prática e a dimensão da subjetividade.

Diante deste debate epistemológico presente na EF e discutido principalmente por Bracht (1999), qual é então a nossa posição e qual a importância dessa posição em um trabalho que propõe uma possibilidade superadora para o ensino do esporte na escola? Concordamos com o autor quando este se posiciona contra a tese de que a EF somente alcançaria legitimidade afirmando-se como ciência, até mesmo porque, como já esclarecemos, a tese da EF tornar-se ciência não se fundamenta epistemologicamente pelo fato dos conhecimentos da área serem produzidos por múltiplas disciplinas científicas, conduzindo-a a diferentes análises e entendimentos mesmo que o objeto de estudo seja o mesmo.

Concordamos também, juntamente como autor, que a EF constitui-se como uma prática social, com caráter pedagógico e, como tal, não trata de qualquer movimento, e sim do movimento humano enquanto cultura corporal que tem seu saber acumulado pela história dos sujeitos sociais em movimento. No momento que entendemos o movimento como objeto de estudo da EF, corremos o risco de atribuir à área a função de tratar de qualquer movimento. Isso fica claro quando na escola, muitas vezes, atividades alternativas que requerem o espaço do pátio ou que envolvem qualquer forma de movimento como, por exemplo, limpar o pátio da escola, ensaio de apresentações para ocasiões festivas, hora cívica etc., são desenvolvidas no horário das aulas de EF, demonstrando a falta de entendimento e a confusão que se estabelece quanto ao papel da EF na escola e a sua relação com o movimento humano. Ao nosso ver, neste processo de desenvolvimento e compreensão do movimento nas aulas de EF, tira-se o compromisso pedagógico da área no que consiste em tematizar os elementos da cultura corporal, sistematizados no currículo escolar em forma de conteúdos (jogos, esportes coletivos e individuais, lutas, danças...).

Com isso, queremos dizer que a EF, como atividade pedagógica vinculada à instituição escolar, tem sua especificidade de ensino – cultura corporal – e o movimento humano, de uma forma geral, não deve ser exclusividade da EF, e sim compromisso de toda a escola, devendo ser pensado por todo o trabalho escolar para evitarmos a dualidade existente entre atividades corporais e atividades cognitivas, em que o movimento é considerado um problema, sinônimo de indisciplina, desatenção e falta de interesse. Esta abordagem de movimento predominante na escola conduz ao entendimento de que o movimento é algo que deve ser controlado para que ocorra o desenvolvimento do aspecto intelectual, legitimando a visão de que o espaço das aulas de EF consiste no espaço do "suar" cabendo ao espaço da sala de aula a tarefa do "pensar".

A pergunta que fazemos, portanto, é como se tematizam na EF escolar os conteúdos como jogo, o esporte, a dança, as lutas e outros que constituem a cultura corporal? Para responder a este questionamento, concordamos com Bracht (1999) quanto à necessidade da EF ter um suporte teórico que deixe claro a sua concepção de razão científica, já que os pressupostos teóricos são fundados nos problemas relativos à prática concreta. Diante da crise da modernidade e, com ela a própria, crise da razão, acreditamos ser necessário uma teoria de conhecimento que contemple em seu interior um saber científico que se contraponha ao saber científico técnico/formal da ciência moderna que nos domina, como também ao saber procedente do movimento pós-moderno que, em abdicação à supremacia do pensar e do fazer como única forma de produzir conhecimento e resolver problemas, associa-se à alegre aceitação do imediato, valorizando a crença e o senso comum.

Para tanto, não seguiremos o caminho da razão comunicativa de J. Habermas proposto por Bracht (1999) no sentido de superar alguns impasses, embora concordemos com algumas críticas feitas por Habermas ao descrédito dos pós-modernos à modernidade e à razão. "Julgo infundada essa tese do surgimento da pós-modernidade" (HABERMAS, 1987, p.105). Tomamos, porém, a lógica crítico-dialética como modelo de racionalidade, pois a busca da essência da realidade deve partir do entendimento de que os fenômenos constituem-se em movimentos contraditórios. Ao apresentar os fenômenos de forma contraditória, nega-se o caráter imutável, pronto e harmônico das relações sociais, pois como dizem Andery et al., (1996, p.420).

> Se o real é em si contraditório e seu eterno movimento, eterno fazer-se e refazer-se, é dado por esse movimento de antagonismos, o pensamento, a ciência, deve buscar desvendar esse movimento que é a chave da compreensão, seja da economia, da história, de qualquer outra ciência. Dado que o movimento é a manifestação da contradição, esta necessita ser desvendada para que se compreenda o fenômeno, o que implica compreender seu movimento.

A visão de racionalidade crítico-dialética entende os fenômenos no seu movimento, constituídos a partir de múltiplas determinações. Dessa forma, o fenômeno faz parte da totalidade que o direciona, ao mesmo tempo em que este a determina. "No corpo da sociedade, todas as relações coexistem simultaneamente" (MARX apud ANDERY, 1996, p. 412).

Quando nos propomos a abordar o esporte escolar, este é entendido vinculado a todo o contexto social que o determina e é por ele determinado. Para tanto, torna-se necessário superar o caminho da abstração empírica ou mera reflexão que parte do particular para o universal ou do universal para o particular tal como preconizam os pressupostos racionais pautados pelos princípios epistemológicos das ciências naturais e seguir um caminho que possibilite desvendá-lo em sua essência, do e para o concreto.

Contextualizando, então, o esporte neste debate epistemológico da EF neste momento, em síntese, podemos entendê-lo como uma objetivação cultural do movimento humano, produto da relação de conhecimentos elaborados a partir das ciências biológicas e das ciências sociais e humanas. Como tal entender, a sua concretude exige tomarmos as diferentes áreas de saberes científicos (ciências do esporte) que o sustentam (Fisiologia, Biomecânica, Psicologia, Sociologia, etc.) sob um teorizar pedagógico no sentido de estabelecer um diálogo interdisciplinar.

Portanto, é por meio do trato com o conteúdo esporte, recortado do universo da cultura corporal, que apresentamos a possibilidade de entendimento de que no desenvolvimento do trabalho pedagógico da EF é preciso lançar olhares que reflitam no âmbito dos saberes populares, das ciências (sociais e humanas), da arte e da filosofia, que estabelecem um campo de conflito no plano da cultura (também no plano da cultura corporal) por possuírem interesses divergentes.

Tomado nesta perspectiva, o teorizar em EF, em especial neste estudo, por meio do esporte escolar, assume o compromisso com a superação da imediaticidade cotidiana, apropriando-se das constantes variáveis dos fenômenos humanos ocorridos no contexto da escola, pois como aponta Escobar (1997), o fenômeno esporte, um dos mais fascinantes da história do homem, pelas suas conexões históricas com o desenvolvimento e incremento do capitalismo, desafia a disciplina EF a promover, no interior da escola, a compreensão e a explicação da ideologização e fetichismo que ocultam as verdadeiras causas da transformação da atividade lúdica em trabalho, compreensão e explicações inatingíveis se a elaboração conceitual da realidade é realizada a partir dos elementos lógicos do senso comum.

1.3. Movimento de contraposição ao modelo de cientificização da EF e do esporte

Dando continuidade ao diagnóstico da realidade da EF, neste momento pretendemos compreender outros métodos históricos nas ciências sociais no que se refere a outras concepções científicas e ao entendimento dado ao esporte escolar que se lançam na história, a fim de fazer da área da EF movimento de criticidade.

A produção de conhecimento da EF até a década de 1980 desenvolveu-se de maneira hegemônica sob a influência das ciências naturais. A partir de então, evidencia-se o aumento da produção do conhecimento nas pesquisas na área pedagógica, sob a influência das ciências sociais.

As pesquisas que emergiram buscaram a superação dos reducionismos da abordagem predominante – matriz empírico-analítica. Vários trabalhos[16] buscam a discussão

---

[16] Gamboa (1989), Silva (1990, 1997), Faria Jr. (1991), Gaia (1993).

epistemológica na área, trazendo resultados quanto à visão de mundo norteadora das pesquisas, em que se verifica crescimento das pesquisas fundamentadas no método fenomenológico-hermenêuticas e materialismo histórico-dialético.

O estudo de Silva (1997), que, embora conclua que a vertente empírico-analítica é predominante nas produções, aponta que "existe uma tendência de reorientação epistemológica-metodológica na produção científica da área"[17], com 21,62% da abordagem fenomenológica-hermenêutica e 12,16% da abordagem crítico-dialética.

A autora encontra nas pesquisas fenomenológico-hermenêuticas uma visão de ciência "que busca desvelar o que está encoberto e compreender o sentido ou os vários sentidos e significados, os mecanismos ocultos ou subjacentes, explicitar o que está implícito" (SILVA, 1997, p.175).

Nas pesquisas crítico-dialéticas, segundo a autora, o entendimento de ciência, por sua vez, busca de forma sistematizada a construção do conhecimento que tem como norte ações ou práticas sociais que visem à superação ou transformação do que está estabelecido na realidade. Na referida abordagem, as pesquisas referem-se a questões políticas, ao papel social dos profissionais da área; demonstram a necessidade de historicizar os dados investigados, ralacionando-os com a realidade social, enfatizando a EF como parte da realidade educacional num processo de inter-relação com outras áreas e a submissão destas ao processo de poder de produção; apontam o esporte de rendimento como predominante sobre o esporte de lazer e denunciam a especialização precoce nas atividades esportivas.

---

[17] Resumo de tese de doutoramento

Nas pesquisas crítico-dialéticas, verifica-se a tendência de serem estabelecidas as relações entre Educação, Educação Física/Esportes e movimento, e destes com o contexto sócio-econômico-político. Tanto a Educação quanto a Educação Física são vistas, de maneira geral, como o processo que deve levar educandos e educadores a se conscientizarem do papel do ato educativo ou como possibilidade histórica de mudança da realidade (SILVA, 1997, p.234).

Verifica-se que a produção de pesquisas, rumo à crítica/transformação do método empírico-analítico predominante na área da EF, representa 33,78%, contribuindo significativamente para a negação da ordem determinante em torno das produções de conhecimento.

Diante desta realidade, percebemos também que o paradigma de racionalidade científica com base em outros pressupostos teóricos das ciências sociais alicerça estudos e propostas pedagógicas para o âmbito da EF escolar.

A partir dos anos 1980, evidenciam-se os movimentos teórico/práticos em contraposição à prática pedagógica tradicional e tecnicista da EF, embora a resistência esteja presente desde a organização da classe trabalhadora alemã em torno da ginástica, recusando princípios da cultura burguesa, isto já início do século XVIII. Mas é a partir desta década que se tornam visíveis as produções na área, sob a influência das ciências sociais.

O paradigma de racionalidade científica com base nas ciências sociais alicerça estudos e propostas para a Educação Física escolar, adotando a abordagem crítica, por meio de outros pressupostos filosóficos como a Teoria Marxista, Fenomenologia e Teoria Crítica.

Em 1986, destaca-se como marco no Brasil, propondo-se enquanto mudança na realidade concreta, a proposta de

"Concepções de Aulas Abertas" de Hildebrand e Laging. Os autores, sob uma perspectiva fenomenológica, constatam que o ensino da EF não deve ser compreendido apenas como situação de "ensino-treino-aplicação" mas de "uma organização apoiada sobre a educação e formação que proporcione situações pedagógicas em que o aluno deve aprender a dirigir suas próprias ações, questionar as regras do esporte e de seu âmbito de transmissão, aprender a agir comunicativa, cooperativa e criativamente" (p.19).

Seguindo essa mesma perspectiva teórica, em 1991, um grupo de professores brasileiros lança o livro *Visão Didática da EF*, propondo análises críticas e exemplos práticos de aulas. Esta proposta, com aulas de EF aberta às experiências dos alunos, problematiza normas e valores a fim de que os mesmos adquiram capacidade de ação nos diferentes âmbitos sociais, sendo capazes de participar racionalmente na mudança da realidade social.

Nos anos 1990, a teoria marxista avança na sua produção no sentido teórico-prático. Destaca-se a proposta crítico-superadora (1992) de um coletivo de autores. Para estes, é necessário que a prática pedagógica da EF supere a visão reducionista, tanto de orientação biológica quanto psicológica, em favor da visão que entende o conteúdo da EF como elemento da cultura e sua importância na vida social como um todo.

A proposta crítico-superadora busca a superação do projeto de sujeito e sociedade implícito e conservador – ideológico – ao projeto claramente transformador. Aponta explicitamente o projeto de sociedade, no qual o processo de formação dos sujeitos é no sentido de engajamento à luta pela transformação estrutural da sociedade rumo à sociedade socialista. A partir deste objetivo, a Educação Física contribui, por meio da reflexão/problematização da cultura corporal, para a construção da consciência de classe das camadas populares.

A judicatividade dessa reflexão contribui para o desenvolvimento da identidade de classe dos alunos, quando situa esses valores na prática social capitalista da qual são sujeitos históricos. Essa identidade é condição objetiva para a construção de sua consciência de classe e para o seu engajamento deliberado na luta organizada pela transformação estrutural da sociedade e pela conquista da hegemonia popular (COLETIVO DE AUTORES, 1992, p.40).

Outro pensamento que marca o campo do conhecimento das ciências sociais, e que também serve de referência para a área da EF, é o da Teoria Crítica de Sociedade defendida pela Escola de Frankfurt. Tomando como referência tal pressuposto, mais precisamente a proposta da razão comunicativa de J. Habermas, Kunz (1994) elabora para a EF escolar a proposta crítico-emancipatória, propondo a transformação didático-pedagógica do esporte a partir de uma didática comunicativa. Analisando o fenômeno esportivo, coloca que o seu "sentido" não tem sido diferente do processo de racionalização das sociedades atuais. Orientado pela racionalidade instrumental, o esporte de alto rendimento reproduz/produz os valores da sociedade moderna, na qual o rendimento configura-se no princípio máximo de todas as ações.

Essa concepção problematiza, também, como a forma irrefletida nas aulas de EF, do ensino do movimento humano poderá contribuir para que o próprio sujeito que realiza o movimento não mais consiga entender o verdadeiro significado deste seu "se movimentar". Kunz (1994), sob uma análise fenomenológica do movimento humano, coloca que:

"Somente pela intencionalidade do se movimentar é possível superar um mundo confiável e conhecido e penetrar num mundo desconhecido" (p.175). O movimento humano, então, deve ser interpretado como diálogo entre homens e mulheres e o mundo. "O se movimentar do homem é sempre um diálogo com o mundo" (TAMBOER apud KUNZ, 1991, p.174).

Não podemos deixar de mencionar as reflexões também conduzidas pelos princípios da fenomenologia ao esporte de alto rendimento, realizado pelo professor Silvino Santin. O autor afirma que o esporte que conhecemos hoje é uma maneira sistematizada e institucionalizada das atividades lúdicas do sujeito, que perderam suas intencionalidades em prol das intenções produtivas da sociedade moderna.

Na sua crítica à opressão do rendimento, Santin (1994) aponta para o resgate da alegria do lúdico, pois "a eticidade exige que o rendimento esportivo esteja a serviço do organismo vivo e não inversamente como acontece. Por isso, o rendimento mais ético seria aquele que acontece no *caos lúdico*", no qual os indivíduos mantêm a liberdade plena de seu poder de render inventivo e criador"(p.53).

Não é intenção, neste estudo, analisar as referidas propostas no sentido de demonstrar seus diferentes projetos teóricos, seus limites e possibilidades, pois algumas destas propostas encontram-se refletidas em estudos anteriores[18]. Porém, defendemos que a adesão a tais propostas no contexto de ensino merece, por parte do professor de EF, a compreensão teórica de suas didáticas específicas. Kunz (1998), usando como mediação propostas concretas de ensino,

---

[18] SOUZA, M. S. Dissertação de mestrado, intitulada Educação Física e Racionalidade: Contraposições na Modernidade, CDS/UFSC, 1999.

propõe um diálogo[19] entre os pesquisadores e os que atuam cotidianamente com a função de ensinar movimentos, sugerindo que estes tenham a clareza das intenções pedagógicas do ensino dessas práticas, pois o professor deverá entender que estas propostas são permeadas por uma determinada concepção de educação, de aluno, de escola, enfim, de sociedade e mundo.

Acreditamos que simultâneo a este processo de teorização por parte do professor de EF surge a compreensão de que os projetos históricos da realidade expressam-se pelas escolhas científicas e pela forma como relacionamos o conhecimento e a realidade, pois as perspectivas teóricas trazem em seus pressupostos científicos diferentes formas de interpretar o mundo e que fundamentam o trato com o conhecimento também no contexto da EF.

A propósito, citamos o exemplo da proposta crítico-superadora (Coletivo de Autores, 1992) e da proposta crítico-emancipatória (Kunz, 1994), que se apresentam enquanto referências em termos nacionais para a área da EF. Entre as várias questões que diferenciam as referidas propostas, citamos o entendimento de racionalidade, tese importantíssima para a compreensão das concepções de sociedade e sujeito defendidas por estas.

A proposta crítico-superadora, fundamentada na teoria marxista, defende a racionalidade científica sob o ponto de vista da classe trabalhadora. Para os marxistas, a razão não se dissocia da luta de classes, sob o ponto de vista racional do proletariado, que, por meio de soluções socialistas, aspiram sem interesses particulares, valores humanos, com o objetivo da abolição das classes em geral. "Estas soluções

---

[19] O autor usa o termo diálogo no sentido metafórico.

não podem ser deduzidas diretamente da razão enquanto tal, mas de interesses racionais decorrentes da situação histórica objetiva do proletariado na sociedade capitalista" (LÖWY, 1994, p.162).

Já, a Teoria Crítica[20], que embasa teoricamente a proposta crítico-emancipatória, engaja-se a certas posições e defende certos valores, negando a neutralidade do conhecimento, porém, não toma posição como os marxistas em relação à organização racional ser exclusividade do proletariado.

No texto Teoria Tradicional e Teoria Crítica, Horkheimer, na análise de Löwy (1994), embora admita que o proletariado, devido às suas condições objetivas, tem vocação

---

[20] Teoria Crítica de sociedade é defendida pela Escola de Frankfurt. O termo Escola de Frankfurt é usado para se referir aos pensadores filiados ao Instituto de Investigação Social de Frankfurt. Foi fundada em 1924, primeiramente com o objetivo de reavaliar as teorias sociais existentes. Seus principais representantes são Max Horkheimer, Theodor Adorno, Hebert Marcuse, Walter Benjamim, Erich Fromn e Jürgen Habermas. A Escola de Frankfurt, desde sua origem, vê na Teoria Crítica a oposição à razão científica dos positivistas ou Teoria Tradicional. Num primeiro momento, nos anos 1920 e 1930, a Teoria Crítica fundamenta-se nas reflexões marxistas, criticando a racionalidade da dominação da natureza, usada para fins lucrativos que colocava a ciência e a técnica a serviço do capital. Embora as questões teóricas do marxismo não fossem levadas "ao pé-da-letra" pelos teóricos críticos naquela época, a revolução direcionada sob a inspiração marxista era considerada como condição para desafiar a ideologia da sociedade dominante. Porém, suas formulações sobre o contexto em geral afasta-se gradualmente desta perspectiva. Na obra Dialética do Esclarecimento (1986), de autoria de Adorno e Horkheimer, há o abandono da classe operária nas análises dos autores, dando início à nova fase da Teoria Crítica. No período pós-guerra, os frankfurtianos desenvolvem seu pensamento centrado na razão, no resgate à razão emancipatória, afirmando com o ideal iluminista do esclarecimento o sentido de resgate de seu poder crítico-libertador da razão, no qual se transforma, no decorrer da história, na análise dos teóricos críticos em razão instrumental.

para a verdade, as circunstâncias históricas limitam a tomada de consciência desta classe: "a situação do proletariado em si mesma não constitui, nesta sociedade, a garantia de uma tomada de consciência correta" (HORKHEIMER apud LÖWY, 1994, p.154). Além disso, na ideia de "uma organização racional da atividade humana" que fundamenta a Teoria Crítica, a visão racional que conduz à verdade, não precisa ser necessariamente exclusividade do proletariado, cabendo a qualquer sujeito o uso da razão em prol da organização racional da sociedade. "O objetivo de uma sociedade racional, que evidentemente parece hoje conservada somente na fantasia, é, na realidade, enraizado (*angelegt*) em todo o ser humano" (ibid, p.157).

Nesta perspectiva, por meio de uma discussão mais recente apresentada principalmente por J. Habermas em relação ao esgotamento da utopia da sociedade do trabalho, evidenciam-se, de maneira mais explícita, as diferenças entre estas duas teorias.

No texto a Nova Intransparência, Habermas (1987) acredita que a utopia da sociedade do trabalho, defendida por Marx, livre e igual, teve seu fim, perdendo tanto sua força persuasiva como seu ponto de referência na realidade. Isto porque a utopia não se refere mais em transformar o trabalho heterônomo em autoatividade, e sim na busca de garantir o pleno emprego, ou seja, garantir espaço para o maior número possível de trabalhadores assalariados no mercado de trabalho. A perda desta utopia, segundo o autor, também é responsável pelo esgotamento de outras, levando à perda da "capacidade de abrir possibilidades futuras de uma vida coletivamente melhor e menos ameaçada" (HABERMAS, 1987, p.106).

Segundo ele, a causa para tanta repercussão deve-se ao fato de que esta utopia extrapolou o interesse dos intelectuais, fundamentando o movimento dos trabalhadores europeus e resultando em três correntes políticas.

– O comunismo soviético na Rússia;

– O corporativismo autoritário na Itália fascista, na Alemanha nacional-socialista e na Espanha-falangista;

– E o reformismo social-democrata nas democracias de massa do ocidente.

Por outro lado, na análise marxista de Antunes (1998), embora este concorde que a *classe-que-vive-do-trabalho* sofreu transformações tanto na sua materialidade como na sua subjetividade, nega o desaparecimento do operariado e consequentemente da sociedade do trabalho.

Na sua interpretação, as transformações no processo produtivo desde o fordismo, taylorismo e toyotismo, que se misturam com outros processos como o neofordismo, neotaylorismo e pós-fordismo, resultam na aquisição do capital contra o trabalho, tendo enquanto causa final o desemprego. Criou-se uma contradição no interior do sistema capitalista; de um lado, diminui o operariado *industrial tradicional* e aumenta o *subproletariado*, baseado no "trabalho parcial, temporário, precário, subcontratado, terceirizado" (ANTUNES, 1998, p.41). Estes trabalhadores sofrem de condições precárias no emprego, baixa remuneração, perda das condições legais já estabelecidas, dos direitos sociais e diminuição da proteção sindical.

Estes elementos repercutem diretamente no movimento dos trabalhadores e sua consciência de classe, reforçando a lógica capitalista do acúmulo de capital na mão de poucos e diminuindo o poder do trabalhador sobre a sua produção. Mas, "tudo isto nos permite concluir que nem o operariado desaparecerá tão rapidamente e, *o que é fundamental*, não é possível perspectivar, nem mesmo num universo distante, qualquer possibilidade de eliminação da *classe-que-vive-do-trabalho*" (ibid, p.54), pois nesta esta incluem-se também os desempregados.

Antunes (1998) elabora cinco teses referentes à crise da sociedade do trabalho. Deter-nos-emos na primeira tese, em que se discute a relação entre trabalho concreto e trabalho abstrato, trazendo para a reflexão a crítica de J. Habermas.

O autor não aceita a defesa da perda da centralidade da categoria trabalho na atual sociedade por ser esta uma "sociedade produtora de mercadorias". O mundo capitalista gera mercadorias resultantes do trabalho humano. E se há diminuição do caráter subjetivo do trabalhador na elaboração do produto, isto não retira "o papel do trabalho coletivo na produção de *valores de troca*" (ibid, p.75). A produção de valores de troca é resultante da dimensão *abstrata* do trabalho, centrado na força produtiva, no sentido físico ou intelectual, que Marx chama *Labour* ou trabalho alienado. Por outro lado o *valor de uso* é decorrente do *trabalho concreto*, centrado na produção de coisas úteis, sob um determinado fim, que Marx denomina *Work*, via para um mundo de liberdade.

> Todo o trabalho é, de um lado, dispêndio de força humana de trabalho, no sentido fisiológico, e, nessa qualidade de trabalho humano igual ou abstrato, cria o valor das mercadorias. Todo o trabalho, por outro lado, é dispêndio de força humana de trabalho, sob forma especial, para um determinado fim, e, nessa qualidade de trabalho útil e concreto, produz valores-de-uso (MARX apud ANTUNES, 1998, p.76).

Antunes (1998) considera equivocadas as críticas que não levam em conta estas duas dimensões do trabalho e ao seu ver, embora J. Habermas seja o que melhor articula esta distinção na sua tese de fim ao trabalho, não foge à regra.

Habermas diz que: "as condições da vida emancipada e digna do homem já não devem resultar diretamente de uma reviravolta nas condições de trabalho, isto é, de uma transformação do trabalho heterônomo em autoatividade". E mais adiante: "[...]os acentos utópicos deslocaram-se do conceito de trabalho para o conceito de comunicação"(HABERMAS apud ANTUNES, 1998, p.79).

Ao contrário de Habermas, Antunes (1998) discorda da negação do trabalho e de seu papel, especificamente o trabalho abstrato, "na criação de valores de troca, na criação de mercadorias" (p.77), e sim que este assumiu um caráter fetichista e alienado, aprendendo a essência mercantil do capitalismo. "Mais *fetichizada* do que em épocas anteriores, a sociabilidade contemporânea, portanto, reafirma e intensifica a lógica destrutiva do sistema produtor de mercadorias e a consequente vigência do trabalho *estranhado*" (p.78). Esta lógica gera a crise da sociedade do trabalho concreto, base para a emancipação humana. Somente pela superação do trabalho abstrato, pela *classe que vive do trabalho*, se terá o trabalho social. A saída consiste, segundo os marxistas, ainda, na categoria trabalho, fortemente presente na sociedade contemporânea.

> O tempo disponível, do ponto de vista do trabalho voltado para a produção de coisas socialmente úteis e necessárias, propiciará a eliminação de todo o trabalho excedente acumulado pelo capital e voltado para a produção destrutiva de valores de troca. Desse modo, o tempo disponível controlado pelo trabalho e voltado para a produção de valores de uso – e tendo como consequência o resgate da dimensão concreta do trabalho e a dissolução da sua dimensão abstrata – poderá instaurar uma lógica

societária radicalmente diferente da sociedade produtora de mercadorias. E será capaz de, uma vez mais, evidenciar o papel fundante do trabalho criativo – que suprime a distinção entre trabalho manual/trabalho intelectual que fundamenta a divisão social do trabalho sob o capital – e por isso capaz de se constituir em plataforma de uma atividade humana emancipada (ANTUNES, 1998, p.82).

Por meio desta breve fundamentação, percebemos o quanto o entendimento de alguns aspectos das teorias de conhecimento permite compreendermos o movimento de contraposição das diferentes propostas pedagógicas que se anunciam na EF e, consequentemente, as diferentes metodologias existentes para o ensino do esporte escolar. A adesão a uma proposta de cunho transformador exige a clareza de seus pressupostos científicos, pois sem esse entendimento corremos o risco de banalizarmos a sua sistematização e, dessa forma, não alcançamos os seus reais objetivos, restando uma prática frustrada e a conclusão de que o movimento crítico constitui-se em uma mera teorização, sem a possibilidade de desenvolvimento prático.

Nesta direção, não intencionamos julgar os professores de EF, mas refletirmos sobre as possibilidades de movimento que estes apresentam na sua ação pedagógica, acreditando que estes trabalhadores, quando envolvidos de maneira política e intelectual, comprometidos com valores democráticos, são capazes de transformação. Concordamos com Escobar (1997) que a prática do professor necessita orientar-se no conhecimento aprofundado da luta ideológica contemporânea que na área pedagógica manifesta-se nas características que o sistema capitalista impõe às atividades da escola, isolando-a dos problemas sociais que incrementam a contraposição dos interesses individuais aos sociais. E, ainda, para a autora, essa leitura não indica que defendemos como primeira tarefa a mudança das consciências, pois o conteúdo da mudança alicerça-se no conhecimento científico concretizado numa nova prática não respaldada pelo senso comum, pois, distribuir democraticamente o conhecimento historicamente acumulado, acerba a contradição da manipulação do aluno pela informação e do condicionamento do seu comportamento e modos de pensar, e por isso impõe-se o norte de um Projeto Histórico claro, para ajudar o professor a distinguir as ações necessárias para a formação de um determinado Homem para um determinado mundo do trabalho.

Entendemos que o contexto pedagógico da EF precisa de uma prática cotidiana de apreensão e objetivação da cultura corporal, especificamente o esporte, estabelecido de forma coerente entre teoria e prática, rompendo com a prática pragmática e simplista da EF tratar os seus conteúdos de ensino.

1.4. Razão e "desrazão": implicações no campo do conhecimento de EF e de esportes

Continuando nossa análise da produção do conhecimento em EF e em esporte, não podemos deixar de mencionar a forte influência do discurso pós-moderno que atinge a produção intelectual nas últimas décadas e que, consequentemente, reflete na área da EF.

Esta concepção contrapõe-se ao modelo de cientificização da EF e do esporte pelo fato de contrapor-se ao projeto científico moderno. Porém, como veremos, a concepção pós-moderna compromete-se com o projeto histórico capitalista que sustenta de forma hegemônica a modernidade, já que as críticas e mudanças propostas pelos pós-modernos não apresentam a intenção de romper com o referido sistema econômico, pois como nos diz Escobar (1997, p.153)

> "Não é gratuito o bombardeio ideológico dos intelectuais que, engrossando a fila dos 'esqueçam o que eu disse', procuram esconder os rumos que o capitalismo determina para a educação, apontando, por exemplo, que: 'a questão do conhecimento é vital para o exercício da cidadania política num mundo que deixa de ser marcado por bipolaridades excludentes – capital × trabalho, classe dominante × classe dominada' MELLO (1996:34)."

Moraes (1994), quando discute a "desrazão" ou os "pós-ismos" no discurso da história, apresenta o discurso pós-moderno, como um tipo de conceito "guarda-chuva", que diz respeito a tudo, desde questões estéticas, culturais, filosóficas, políticas e sociais. Porém, para a autora, o conceito define-se melhor quando se refere à proposta da ilustração. Ou seja, a pós-modernidade contrapõe-se à modernidade, pois esta, ao longo de três séculos sob a ótica da ciência moderna perde-se no emaranhado formado pela lógica racional formal, comprometendo o projeto iluminista, que, longe de cumprir suas promessas de progresso e emancipação, tornou-se força opressora sobre mulheres e homens, dominou a natureza, produziu sofrimento e miséria. Dessa forma, a Modernidade entra em crise e com ela a própria razão: "uma crise que, em última instância, expressa o descrédito e a falência de uma determinada concepção de conhecimento e de razão: a razão e o conhecimento ditos 'modernos' e de corte iluminista"(MORAES et al., 1997, p.65). Neste sentido, desencantado com o mundo moderno, o pós-modernismo critica as metanarrativas, que se cercam de entendimentos como razão, ciência, conhecimento e verdade.

Lyotard (1989), em defesa da pós-modernidade, considera-a como "a incredibilidade em relação às metanarrativas" (p.12). Para este autor, a ciência moderna recorre às narrativas, permitindo estabelecer a possibilidade de uma perspectiva ser epistemologicamente mais verdadeira que outra. Mas, para a visão pós-moderna, na análise e defesa de Lima (2000, p.71), "uma tal ideia de uma 'metaperspectiva' revela-se ilusória/falsa, pois não existe um porto seguro em que possamos ancorar perspectivas de análise para, a partir dali, conhecer a nossa realidade social, cultural, econômica, educacional".

É neste contexto de recusa teórica que os pós-modernos anunciam, no âmbito da produção intelectual, uma espécie de negligência à verdade, ao mesmo tempo que conservam o ceticismo, interpretado como relativismo e pluralismo. A verdade passa a ser concedida pela transparência e pelo imediatamente visível. Como diz Rorty nas palavras de Moraes (1996), razão, verdade e linguagem passam a ser 'ferramentas', recursos úteis para tratar com a vida cotidiana, enquanto tais são essencialmente relativas a finalidades e interesses também variáveis e contingentes e são definidas pelo papel que jogam no contexto do debate.

Moraes (1994), ao analisar esta chamada crise nas ciências sociais, na história e na filosofia e o aparecimento do projeto pós-moderno que anuncia a "transição para uma nova era", uma "sociedade pós-industrial" e o "fim da história", nos diz que esta concepção tem, enquanto fim, levar a humanidade a pensar de maneira ilusória que as mudanças não são históricas, e sim características do presente, de uma nova ordem e base. Para a autora, ao contrário, tais elementos indicam e expressam um momento particular e complexo da reestruturação do próprio capitalismo. Moraes (1994), fundamentada em Geras, nos lembra que ao negar uma teoria da verdade, relativizando-a, os pós-modernos também não podem falar em injustiça, pois os injustiçados perdem neste contexto a sua melhor arma, a de dizer o que realmente aconteceu, simplificando os fatos em estórias, presas a limites e discursos particulares.

Após esta breve fundamentação sobre a pós-modernidade, nos perguntamos: por que discutir esta questão no contexto da Educação e como realidade existente na EF? Sem dúvida, o contexto educacional é diretamente atingido, uma vez que a educação inclui em seu contexto pedagógico o desenvolvimento das metanarrativas. Moraes (1996) acredita que, no descrédito, as metanarrativas efetivam no plano teórico-metodológico uma educação descomprometida com a conexão real-concreto, desprovida de possibilidade de crítica, já que se perde o apoio de um sujeito cognoscente dotado de racionalidade e capaz de apreender a intelegibilidade do processo histórico e social.

Duarte (2001) analisa como o discurso pós-moderno atingiu a área da educação, mostrando o avanço desta concepção no processo de formação dos educadores que, em nome de romper com o cientificismo herdado de paradigmas ultrapassados ou em crise, adotam a descrição e a narrativa pseudoliterária de casos e memórias individuais, crônicas pobres e fragmentadas de um cotidiano pobre e fragmentado. Veja-se, por exemplo, a importância cada vez maior que vem sendo dada à chamada troca de experiências em encontros da área educacional na qual, em nome da valorização da experiência profissional de cada professor, o que acaba por existir é a legitimação do imediatismo, do pragmatismo e da superficialidade que caracterizam o cotidiano imediato.

E na área da EF, como se apresenta hoje esta discussão? Neste contexto, com a intenção de superar a prática da razão técnica que domina a área, principalmente pelo ensino do esporte, o pensamento pós-moderno avança na produção teórica e nas práticas corporais. Isto nos leva a refletir sobre os resultados deste paradigma, especificamente em relação à forma fragmentada e estranha da EF lidar com o conhecimento. A nossa preocupação consiste no fato de que esta concepção poderá contribuir fortemente para a elevação do trato superficial que a área realiza no seu campo de conhecimento, já que a concepção pós-moderna justifica-se, principalmente, pelo descrédito à razão, advogando como coloca Marques (1993, p.12) "formas, disseminadas hoje, do anti-intelectualismo".

Críticos a esta perspectiva, Moraes (1994, 1996), Marques (1993), entre outros, acreditam que a pós-modernidade apresenta o presente e o cotidiano como possibilidades centrais de realizar, em nome da felicidade, os sonhos frustrados que se anunciaram na modernidade, por meio das ideias do projeto iluminista, marxista ou qualquer outro que permite, com a racionalidade, melhorar as condições futuras de vida. Dessa forma, os pós-modernos rompem com o passado, e com isso a história e a realidade são fragmentadas, trazendo consequências profundas na construção do conhecimento no que diz respeito à passividade e à acriticidade humana frente aos desafios da racionalidade postos pela ideologia do progresso, sustentada cientificamente pelo viés positivista.

Também Bracht (1995) analisa as implicações deste paradigma na área da EF e concorda que a pós-modernidade consiste numa nova fase do capitalismo, com o intuito de assegurar a sua ordem em momento de crise. "Evoco aqui a visão marxista defendida por Frederic Jameson e Marilena Chauí de que o pós-modernismo (e sua versão no plano da cultura e do saber) é fruto de nova fase do capitalismo, cuja característica central seria a acumulação flexível do capital" (p.47).

No contexto da produção intelectual da EF, apresentam-se discursos elaborados, sustentados teoricamente pela condição pós-moderna, em que são propostas à área ideias como "o pluralismo e a diversidade":

> O pluralismo que decorre dessa perspectiva – compreendido como prática das diversidades, tolerância e respeito para com as diferenças – alarga e, sobretudo, reformula o campo da Educação Física. A ideia de pluralismo aponta também no sentido se desfazer a rigidez dos territórios disciplinares, até mesmo porque o conhecimento pós-moderno tende a não ser mais disciplinar, em que os temas (sem referência a uma base disciplinar estável, definida) funcionam como galerias por onde transitam os saberes (LIMA, 2000, p.75).

Como também "a impossibilidade de atribuir cientificidade às teorias de conhecimento: fica sem sentido discutir se uma teoria é científica ou não. Pode se dar o nome de científico a qualquer coisa que se queira, pois o objetivo da epistemologia deixa de ser o de rotular e classificar as coisas de forma absoluta" (MARTINS apud PARDO e RIGO, 2000, p.50).

E no fenômeno esportivo, a condição pós-moderna é uma realidade existente enquanto prática pedagógica? Partindo do pressuposto de que a conduta pós-moderna é um devir contínuo do capitalismo e o esporte, como vimos no decorrer do estudo, mantém uma relação recíproca com os valores da sociedade moderna, acreditamos que sim.

Bracht (1997a) entende que, hoje, para além da espetacularização do esporte de alto rendimento, o que chama a atenção é a diversificação e pulverização das práticas corporais que geram um aumento de velocidade no aparecimento e desaparecimento no mercado de novas formas esportivas. "Essas características parecem coincidir com aquelas que alguns teóricos têm identificado no plano sociocultural mais geral e que são genericamente conceituadas como características da sociedade pós-moderna ou pós-industrial, ou ainda sociedade informática[21]" (p.110).

O autor lembra Lipovitsky (1989), um dos filósofos pós-modernos que, preocupado com a busca da libertação direta dos sentidos, das emoções e das energias corporais, defende um desporto associado.

> A proliferação das práticas livres de cronômetros, de confronto, de competição e que privilegiam o treino livremente escolhido, a sensação de planar, a audição do corpo (jogging, Windisurf, ginástica suave etc.), o desporto é reciclado pela psicologização do corpo, da total tomada de consciência de si, do livre curso aberto à paixão dos ritmos individuais (LIPOVITSKY apud BRACHT, 1997a, p.112).

Preocupado com as consequências que este "novo narcisismo vivido sem culpa" poderá acarretar no processo de desenvolvimento das práticas esportivas, Bracht (1997a) questiona: "por trás da aparente diversidade dos sentidos e das práticas esportivas, não se encontra uma nova forma de

---

[21] Embora a expressão "pós-modernidade" seja mais usada, as expressões "sociedade pós-industrial" e "sociedade informática" também ganham espaço no discurso dos intelectuais que defendem que hoje a sociedade moderna/industrial não existe mais, e sim que estamos vivendo a era da sociedade informatizada. Fato que ao nosso ver demonstra, mais uma vez, que o referido discurso não se preocupa em denunciar que tais mudanças são decorrentes do processo histórico desenvolvido no sistema capitalista.

controle das subjetividades, um comportamento moldado pelo sempre aparentemente novo?" (p.112).

Gamboa (2003), ao discutir a questão da pós-modernidade, declara que apesar do ideário da modernidade ainda não se ter realizado, já estão proclamando a entrada da pós-modernidade por novas ondas tecnicistas como a informática e a microeletrônica. O autor questiona o significado dessas dinâmicas e o sentido dessas novas revoluções tecnológicas que se anunciam como revolucionárias no meio do clamor deste novo milenarismo. Qual a nova sociedade que anunciam?

Fundamentado em Schaff (1993), Gamboa (2003) declara que a revolução da informática ou da microeletrônica insere-se dentro de três grandes revoluções técnico-científicas: a primeira (no final do século XVIII) substitui a força física do sujeito pela energia das máquinas (vapor e eletricidade), a segunda consiste na transferência das funções intelectuais do homem para a máquina (computadores, informática, telemática). Juntamente com esta revolução, também vivemos hoje, a terceira, a revolução microbiológica, que envolve inclusive a descoberta do código genético dos seres vivos, podendo substituir a própria condição humana alterando sua própria genética.

Porém, o autor salienta que uma revolução tecnológica de conjunto não se reduz à revolução de instrumentos de trabalho. Ela também atua na estrutura dos processos produtivos. O que vimos na revolução informacional, que tem desenvolvido e potencializado o trabalho e a comunicação dos sujeitos, é a permanência das formas de organização social e das relações de propriedade que regem "a sociedade nos moldes da propriedade privada e a acumulação ampliada da riqueza geradas pelos processos produzidos por um reduzido número de capitalistas" (p.87).

Soares (2001), ao discutir o caminho que a ciência está seguindo pelas revoluções genéticas, chama a atenção para o trato dado ao esporte neste contexto, que em nome das conquistas em relação ao rendimento e à estética corporal amplia-se como campo possível de exibição de um corpo completamente alterado por prótese, células, estruturas minúsculas que criam potências impensadas e permitem o rendimento máximo controlado. "E o corpo vencedor exibirá os slogans que o ajudaram a chegar lá. O campo esportivo como representação real da criação de super-homens" (p.127). E cita o exemplo da pesquisa publicada na *Folha de São Paulo* de 25/07/2002, que trata de uma pesquisa.

> No campo da terapia genética, dois grupos de pesquisas acadêmicas, um na Filadélfia (EUA) e outro na Grã-Bretanha, encontraram o que parece ser o Santo Graal do malhador. Com uma seringa, os dois grupos injetaram na perna de um rato um gene que faz a massa muscular crescer até 27% em um mês, sem que o animal se exercitasse além do normal. Ainda não foi aprovada a realização de testes em humanos, mas se a pesquisa for até o fim, em 15 anos poderão surgir os primeiros "super-homens" (SOARES, 2001, p.127).

Com esta crítica, não estamos negando o prazer pelo esporte, o querer ser feliz, porém defendemos o viver bem compreendido como momento construído historicamente e que deve ser garantido a todos de maneira consciente, para que evitemos cair mais uma vez nas estratégias ideológicas do capitalismo, no qual o grito, agora reforçado pela condição pós-moderna, se explicita: "morte ao todo, viva a partícula" (RESENDE, 1993, p.11).

A nossa preocupação consiste no desenvolvimento concreto de tais posições no contexto de ensino, pois a concepção pós-moderna no seu entendimento conceitual já desprivilegia a razão. O problema agrava-se, ainda mais, quando esta posição é aderida de forma superficial no sentido modista, contribuindo ainda mais para afirmar o imediatismo das objetivações e apropriações do conhecimento na área da EF.

Consideramos juntamente com a crítica[22] pós-moderna que as metanarrativas de teor lógico-instrumental trouxeram malefícios para a produção do conhecimento nas ciências sociais e humanas e, com elas, a destruição das particularidades e possibilidades históricas. E, como vimos, o paradigma absoluto natural/positivista aparece de forma determinante na área da EF. Mas este fato não justifica o caminho inverso: "privilegiar o fragmento em sua 'pura' individualidade" (MORAES, 1994, p.189). Por isso, assumimos a posição racional marxista, que critica a posição da razão formal científica, porém não abandona a razão, apostando nesta de forma a advogá-la enquanto crítica e dialética para o modelo das ciências sociais e humanas. Concordamos com Saviani apud Pereira (2003), que numa discussão muito oportuna para os anos 90 diz que:

> Costumo dizer que é preciso que consideremos mais seriamente a afirmação de Sartre – que não era marxista – segundo a qual o marxismo é a filosofia viva e insuperável de nossos tempos. Considera ele que "um argumento antimarxista" não é mais que o rejuvenescimento aparente de uma

---

[22] Lembramos que esta crítica não é exclusividade da concepção pós-moderna. Anterior ao surgimento desta concepção, a crítica à ciência moderna já havia sido feita pelos marxistas e teóricos críticos, entre outros.

ideia pré-marxista. Uma pretensa "superação" do marxismo não será, no pior dos casos, mais que uma volta ao pré-marxismo e, no melhor, a redescoberta de um pensamento já contido na ideia que se acredita superar (Sartre, 1963, p.18). Esta ideia de Sartre se ancora na consideração de que uma filosofia é viva enquanto expressa a problemática própria da época que a suscitou é e insuperável enquanto o momento histórico de que é expressão não tiver sido superado. Ora, os problemas postos pelo marxismo são os problemas fundamentais da sociedade capitalista e enquanto estes problemas não forem resolvidos/superados não se pode falar que o marxismo terá sido superado (p.168).

1.5. *Considerações sobre a realidade do conhecimento em EF e em esportes*

Mediante a análise que fizemos da realidade da produção do conhecimento em EF e em esportes, compreendemos que esta, nas últimas décadas, avançou na sua produção de conhecimento no que condiz à superação do modelo de conservação da cultura esportiva institucionalizada, porém acreditamos que ainda presenciamos no âmbito escolar, de maneira hegemônica, uma prática pedagógica baseada na lógica do rendimento técnico-formal, misturada com uma busca de transformação superficialmente tratada.

A pedagogia que sustenta esta prática, ao nosso ver, constitui-se em conservadora, porque tem enquanto base uma concepção científica na qual a verdade transformou-se em pragmatismo, considerando como legítimo somente o conhecimento científico desenvolvido conforme o paradigma das ciências naturais que no seu processo de conhecimento ofuscou o saber crítico.

A redução da razão aos parâmetros da cientificização moderna conduz o sujeito a não perceber a lógica das transformações do mundo atual, em que a ciência moderna muda as suas formas de atuação, na qual hoje é capaz de produzir artificialmente alimentos e seres vivos, meios avançados de comunicação virtual, como também capacidade de produzir armas de destruição em massa de seres humanos. Contudo, toda essa produção continua com o mesmo fim: interesse econômico e mercadológico da ordem social capitalista.

Subsumida a esta ciência, a prática do esporte desenvolve-se sob o progresso das técnicas, seus instrumentos e métodos, em que os atletas ultrapassam seus limites em função do desempenho e dos recordes. Esse modelo de esporte vem para a escola e a sua prática pedagógica perde sua capacidade de desenvolvimento crítico/transformador, já que a EF trata o âmbito da cultura corporal, seus conteúdos de ensino, tendo como único parâmetro o esporte e este com a meta de atingir os objetivos da performance técnico-tática do esporte de alto rendimento. Esta prática pedagógica torna-se limitada no que condiz ao entendimento e ao desenvolvimento de práticas sociais mais amplas da vida social, já que o sujeito envolvido no processo de ensino assume a postura de um ser funcionalista-pragmático que desconsidera as dimensões histórico-culturais do mundo social.

Neste contexto de ensino, o esporte se reduz a uma prática reprodutivista de movimentos pré-estabelecidos e o seu entendimento torna-se ilusório, como se fosse possível, por meio de uma prática que busca o objetivo da performance física e que para isso usa os avanços técnico-científicos, a fim de garantir a todos os alunos o acesso a sua apropriação. O acesso de todos à sua prática torna-se impossível, já que o esporte de alto rendimento segue os princípios da competição, do selecionamento e da produtividade, estes sustentados pela cultura discriminatória da sociedade científica/tecnológica.

Decorrente da reprodução destes princípios, a prática pedagógica do esporte gera um grande problema que consiste em não atender às expectativas de todos, de maneira que não poderá se legitimar a partir dos interesses da instituição escolar, pois com o fim de atender os aspectos do esporte institucionalizado torna-se precária de valores como a coletividade e a cooperação, essenciais para a formação de pessoas dotadas de autodeterminação e auto-organização. E, então, sob a possibilidade da razão técnica, construímos uma visão naturalizada das coisas e dentro dela, o esporte ganha um valor educacional simplista, tornando-se incapaz de ser elemento mediador de uma visão crítica do mundo, no sentido de superar o modelo dominante de esporte e formar uma nova cultura esportiva que atenda aos interesses coletivos.

Escobar (1997) discute a questão da coletividade[23] e afirma que as relações entre os homens estão determinadas pela estrutura econômica da sociedade. No modo capitalista, a exaltação da competição desenvolve a motivação pessoal e egocentrista, estimulando a exploração do homem pelo homem e o desprezo pelos interesses coletivos. É por isso que o coletivo é o princípio fundamental para a prática pedagógica da escola, inserida num projeto histórico superador dessas relações. Para tanto, o problema do coletivo não pode ser abordado nas bases idealistas da pedagogia, que o

---

[23] "Para maior esclarecimento sobre a organização do coletivo no campo da educação socialista, destacamos as experiências concretas das quais dispomos de fonte na literatura brasileira, MAKARENKO, com seu trabalho na colônia de Gorki (1929 a 1928) e na Comuna de Dzerjinki e a contribuição de PISTRAK, autor dos problemas fundamentais da escola do trabalho".

situa no interior das teorias da dinâmica de grupo, atribuindo-lhe como objetivo preparar os alunos para a adaptação à vida em sociedade, e sim enquanto forma especial de grupo que se caracteriza por defender objetivos socialmente valiosos. Os membros dos grupos devem estar conscientes desse valor e dispostos ao esforço comum, de maneira a contribuir de forma pessoal para atingi-lo.

No que consiste ao desenvolvimento do esporte na escola, defendemos juntamente com a autora que para o engajamento da construção da cultura corporal, os valores privilegiados para a escola devem ser os que sobrepõem o coletivo sobre o individual, que se comprometem com a solidariedade, respeito humano e promovam o entendimento de que jogo se faz a dois, de que é diferente jogar com o companheiro do que jogar contra ele. Essa prática seria o germe do movimento de contraposição às práticas orientadas pelos valores do esporte de alto rendimento, orientados pela exarcebação da competição, pelo sobrepujar e pela violência tolerada do treinamento.

Capítulo II

(...) cabe-nos situar os produtos artísticos no mundo dos objetos
e compará-los com os científicos e tecnológicos à luz de suas
respectivas materialidades. Nessa comparação, verificaremos
que nem todos os produtos são tangíveis e que não existem
objetos puramente artísticos, científicos ou tecnológicos.
Em todo ato ou obra humana coexistem estruturas ou relações
artísticas, científicas e tecnológicas. Isso quer dizer que todo
ato ou obra humana reflete o homem.

ACHA

2. Possibilidades superadoras no plano da cultura corporal

A partir desse momento, faremos análises quanto à
realidade apresentada anteriormente, assumindo posições
frente ao entendimento de Educação Física e de esportes
dialeticamente relacionado com nossa concepção de ser humano, ciência, educação e projeto histórico.

2.1. Cultura Corporal: *prática social objetivada e apropriada no processo da formação da existência humana*

Ao contrário de um entendimento de relações sociais de acordo com leis equivalentes àquelas que direcionam a natureza, numa relação de causalidade entre as coisas, acreditamos que a história da humanidade é um processo cultural. Nesse processo, o conhecimento não nasce e acaba com o sujeito. Ao contrário, toda a experiência de um indivíduo é transmitida aos outros, criando um interminável processo de acumulação, no qual se adquire o novo, conservando-se o antigo. Nesse sentido, Chauí (1995) compreende cultura como sendo a maneira pela qual os humanos se humanizam com de práticas que criam a existência social, econômica, política, religiosa, intelectual e artística.

Nesta mesma direção, Escobar (1997) esclarece que cultura implica em apreender o processo de transformação do mundo natural a partir dos modos históricos da existência real dos homens nas suas relações na sociedade e com a natureza e cita Siqueira (1992), que amplia o conceito "cultura" nos seguintes termos:

> (...) é um fenômeno social que representa o nível alcançado pela sociedade em determinada etapa histórica: progresso, técnica, experiência de produção e de trabalho, instrução, educação, filosofia, ciência, literatura, arte e instituições que lhes correspondem. A cultura não é uma categoria sociológica empírica. Quando nos referimos ao fenômeno cultural, não se trata de teorizar sobre a cultura em geral, abstrata, mas de agir com suporte conceitual sobre a cultura presente, concreta, procurando transformá-la, estendê-la e aprofundá-la (ESCOBAR, 1997, p.43).

Foi com o objetivo de fazer e possuir cultura que homens e mulheres, sob um processo de aprendizado, apreenderam a natureza transformando-a em patrimônio cultural. Desta forma, a expressão corporal deve ser refletida para que o sujeito consiga compreender-se e compreender a realidade numa visão histórico-cultural. Nessa perspectiva, concordamos com o Coletivo de Autores (1992) quando estes questionam: "como compreender a realidade natural e social, complexa e contraditória, sem uma reflexão sobre a cultura corporal humana?" (p. 42).

Dentro desse universo da cultura corporal humana, nos propomos a estudar especificamente o esporte, tratando-o como uma prática social objetivada e apropriada no processo de constituição da existência humana enquanto uma dimensão sistematizada do gênero humano.

Para esse entendimento, vejamos, sob a concepção do materialismo histórico e dialético, como se estabelece a relação entre ser humano e natureza no processo da constituição da existência humana.

É lançada à realidade humana outra perspectiva histórica quando Marx aponta a constituição na unidade ser humano e natureza mediada pelo trabalho, do qual a "natureza humana" constrói-se na relação dialética com a natureza externa. Ao contrário do idealismo, principalmente hegeliano, que defendia a consciência dos seres humanos como formadora das relações sociais, Marx ressalta as condições materiais como responsáveis pela formação do ser. "Não é a consciência dos homens que determina seu ser, ao contrário, é o seu ser social que determina sua consciência" (MARX, 1982, p.25).

Na concepção materialista e histórica, a pessoa é um ser natural, pois foi criada pela natureza, mas não se confunde com ela, porque a transforma a partir de suas necessidades.

É na relação dialética com a natureza que os homens e as mulheres transformam-se ao mesmo tempo que humanizam a natureza, não se limitando a seres naturais. Diferente do animal, embora ambos ajam de forma atuante com a natureza na busca de suas necessidades e sobrevivência enquanto espécies, a pessoa atua de maneira mediada, portanto, histórica e política. Já o animal atua de maneira biológica e imediatista. Assim, as alterações ocorridas na natureza são mínimas, pois as experiências e conhecimentos são passados de forma genética. Neste sentido, concordamos com Engels (2000) que "o máximo que faz o animal é *colher* para consumir; ao passo que o homem *produz*, cria meios de subsistência no mais amplo sentido do termo. Sem ele, a natureza jamais produziria" (p.163).

É, portanto, nesse processo permanente entre sujeito e natureza que ocorre mutuamente a transformação, resultando segundo Andery et al. (1996b), no "processo de produção da existência humana" (p.10).

De acordo com as autoras acima mencionadas, *é processo de produção da existência humana*, porque:

1º – O ser humano vai se modificando, alterando aquilo que é necessário à sua sobrevivência. As mudanças ocorridas no ser humano ocorrem juntamente com as mudanças das necessidades básicas que adquirem características diferentes. O sujeito também cria novas necessidades que passam a ser fundamentais à sua sobrevivência tanto quanto as necessidades básicas.

Sobre o processo da satisfação das necessidades básicas, Marx (1991) nos diz que "a satisfação dessa primeira necessidade (a de comer, vestir, ter um teto etc.), a ação de satisfazê-lo e a aquisição do instrumento necessário para isto conduzem a novas necessidades e esta criação de necessidades novas constitui o primeiro fato histórico" (p. 29).

2º – O ser humano, além de criar artefatos e instrumentos, desenvolve ideias (conhecimentos e valores) e mecanismos para sua elaboração (desenvolvimento do raciocínio e planejamento). Sobre este aspecto, Engels (2000) diz "mas é precisamente a modificação da *natureza* pelos *homens* (e não unicamente a natureza como tal) que constitui a base mais essencial e imediata do pensamento humano; e é na medida em que o homem aprendeu a transformar a natureza que a sua inteligência foi crescendo" (p. 139).

3º – Sujeito e natureza, a cada nova interação, transformam-se. De um lado, na natureza incorporam-se criações antes inexistentes, e de outro formam-se um homem e uma mulher mais conscientes, pois os caminhos para satisfazer às suas necessidades são outros que foram sendo construídos. Neste processo de construção, o sujeito toma consciência de que está transformando a natureza para adaptá-la às suas necessidades. Assim, a sua ação torna-se intencional e planejada. Sobre essa relação especificamente humana de consciência e finalidade previamente estabelecida, Marx (1982, p.150) escreve:

> Uma aranha executa operações semelhantes às do tecelão, e a abelha envergonha mais de um arquiteto humano com a construção dos favos de suas colmeias. Mas o que distingue, de antemão, o pior arquiteto da melhor abelha é que ele construiu o favo em sua cabeça antes de construí-lo em cera. No fim do processo de trabalho, obtém-se um resultado que já no início deste existiu na imaginação do trabalhador e, portanto, idealmente. Ele não apenas efetua uma transformação da forma da matéria natural; realiza, ao mesmo tempo, na matéria natural, seu objetivo, que ele sabe que determina, como lei, a espécie e o modo de sua atividade e ao qual tem que subordinar sua vontade.

4º – É um processo social. O ser humano não vive isoladamente, ao contrário, há uma interdependência, uma organização no processo de criação de bens e elaboração de conhecimentos. É na base das relações humanas que se encontra o trabalho, uma atividade humana intencional que envolve formas de organização com o objetivo de produzir bens necessários à vida humana.

> Mesmo quando eu atuo cientificamente em uma atividade que eu mesmo não posso levar a cabo em comunidade imediata com outros, também sou social porque também atuo enquanto homem. Não apenas o material de minha atividade (como a língua, por meio da qual opera o pensador) me é dado como produto social, mas minha própria existência é atividade social, porque o que eu faço, faço-o para a sociedade e com consciência de ser um ente social (MARX apud ANDERY et al., 1996a, p. 406).

Cheptulin (1982) esclarece que o conhecimento das formas universais realiza-se no decorrer da atividade prática. Foi no processo de trabalho, colocando os objetos em uma outra ligação que não a mesma de seu estado natural e fazendo esses objetos agirem uns sobre os outros, que o sujeito conseguiu a transformação da maneira que lhe convinha. Pela observação, concluiu que tudo na realidade encontra-se em correlação e interação, ocorrendo a transformação das coisas. Tais conclusões foram condição necessária para a organização consciente e o desenvolvimento da produção.

O sujeito, então, no decorrer do processo da formação da existência humana, de sua atividade prática, passa da tomada de consciência de alguns aspectos e de algumas ligações da realidade para outros. Esse processo faz com que o conteúdo de sua consciência modifique-se constantemente.

O resultado disso é que no decorrer do conhecimento do objeto o sujeito o concebe pelo prisma das categorias que se criaram em sua consciência. Realiza uma síntese categorial que "coloca em evidência as propriedades e as ligações próprias a esse objeto e, em seguida, as formas específicas de sua manifestação em um domínio concreto da realidade" (CHEPTULIN, 1982, p. 140).

A peculiaridade da atividade do sujeito e de seu pensamento consiste na universalidade, na sua capacidade de transformar as coisas naturais em objetos e condições da sua atividade vital, fato que justifica a sua situação de não se encontrar atrelado às condições limitadas da vida da espécie, como acontece com o animal.

Nessa direção, fazemos uma distinção entre espécie humana e gênero humano no sentido de demonstrar que para o entendimento do processo da existência humana é necessário reconhecer o homem e a mulher como espécies naturais, porém não se deve limitar a isso. É preciso compreender suas particularidades e sua universalidade dadas por sua capacidade de consciência, o que o delibera como ser genérico.

Para a espécie humana, reservamos os elementos biológicos que diferenciam o ser humano dos outros seres vivos que são transmitidos pela herança genética. Porém, esses elementos se constituem em características meramente generalizáveis e empiricamente verificáveis, não permitindo considerar o ser humano efetivamente como tal. O que o torna verdadeiramente humano são as suas características construídas ao longo da história social, que determinam o gênero humano. Este expressa a síntese de toda a objetivação humana até determinado momento histórico. "Por isso, precisamente, e apenas na elaboração do mundo objetivo, é que o homem se afirma realmente como ser genérico. Essa produção é sua vida genérica ativa. Mediante ela a natureza aparece como sua obra e sua realidade" (MARX apud ANDERY et al., 1996a, p.404).

Ao mesmo tempo em que na relação entre o sujeito e a natureza ocorre o processo de apropriação pelo ser humano, surge também o processo de objetivação, pois este, produz uma realidade objetiva com características humanas e socioculturais que passam a ser novamente produtos da apropriação, agora não mais como objetos de apropriação da natureza, mas sim como produtos culturais da atividade humana, ou seja, produto das objetivações do gênero humano. É nesta relação dialética entre apropriação e objetivação que se encontra o processo histórico sem fim, pois como diz Duarte (1999, p.120), "essa é a razão pela qual consideramos a dialética entre objetivação e apropriação como aquela que constitui a dinâmica fundamental da historicidade humana: cada processo de apropriação e objetivação gera a necessidade de novas apropriações e novas objetivações".

Nessa relação dialética, histórica e sem fim das apropriações e objetivações do gênero humano, é que se encontra a prática social da cultura corporal, que desde os tempos primitivos acompanha os homens e as mulheres no seu processo de tornarem-se humanos. As posturas corporais juntamente com as posturas morais e valorativas ao longo da história constituem o ser humano em verdadeiramente humano, dotado de cultura. À medida que a prática social humana foi tornando-se complexa, resultante dos desafios postos na relação sujeito e natureza, as atividades corporais aperfeiçoaram-se, tornando-se também, atividades produtoras e produtivas da história da humanidade.

Nesta direção, Escobar (1997) diz que o aprofundamento na história nos demonstra que a atividade prática do homem, motivada pelos desafios da natureza, desde o erguer-se da posição quadrúpede até o refinamento do uso da sua mão, foi o motor da construção da sua materialidade corpórea e das habilidades que lhe permitiram transformar a natureza. "Esse agir sobre a natureza, para extrair dela sua subsistência, deu início à construção do mundo humano, do mundo da cultura"(p. 62).

Resultante da construção histórica da nossa corporeidade, a autora, fundamentada em Coletivo de Autores (1992), declara que hoje dispomos de um valioso acervo de atividades expressivo-comunicativas com sentidos e significados lúdicos, estéticos, místicos e agonísticos como os jogos, a ginástica, a dança a mímica etc. "Deve-se reconhecer, no entanto, que elas não indicam que o homem nasceu saltando, arremessando, jogando. Estas atividades foram construídas em certas épocas históricas como resposta a determinadas necessidades humanas" (ESCOBAR, 1997, p.63).

Esse processo de transformação acompanha a prática social do esporte e no que se refere ao esporte de alto rendimento aparece como produção elaborada da cultura moderna, sendo resultado do processo de desportivização de jogos que, frente aos desafios postos pelos valores da sociedade moderna, perdem seus aspectos populares.

O entendimento dessa transformação histórica, no âmbito do esporte, sugere a compreensão que no processo de apropriação e de objetivação que constitui a história humana, e consequentemente o conhecimento humano, existe um processo contraditório, pois as objetivações históricas constituídas e apropriadas pelo gênero humano também desenvolvem esferas de objetivações estranhadas ao ser humano. Marx, na maioria de suas obras, nos coloca como exemplo o próprio capitalismo. O ser humano passa de uma individualidade quase inexistente no início da história para a criação, no capitalismo, de formas fetichizadas, construídas pela relação mercantil e divisão social do trabalho.

O esporte de alto rendimento, como forma sistematizada da cultura corporal, que tem sua gênese e desenvolvimento materializado no capitalismo, como este reproduz o estranhamento e mantém o ser humano no que Duarte (1999) chama de individualidade *em si*. Segundo o autor, cada ser humano se apropria das objetivações do gênero humano em circunstâncias singulares e se objetiva também em circunstâncias singulares, constituindo, assim, sua individualidade. Esta tem início desde os primeiros momentos da vida de cada ser humano e tem continuidade ao longo de toda a vida. Neste sentido, o autor interpreta que a individualidade começa no âmbito do *em si*, no qual não há uma relação consciente com a individualidade[24]. Trata-se, neste caso da formação da *individualidade em si*, de uma individualidade espontânea[25], sem acompanhamento de um processo crítico. Salienta, porém, que o âmbito do *em si* é necessário à vida de todos os seres humanos, tanto que a formação da individualidade inicia no *em si*. O problema surge quando, durante toda a sua vida, o sujeito não supera esta dimensão e sua individualidade se fossiliza em *individualidade em si*. Para o desenvolvimento das máximas possibilidades de apropriação e objetivação do gênero humano, Duarte (1999) defende o princípio de que a formação do indivíduo não

---

[24] O autor cita como exemplo o caso da linguagem. A pessoa quando criança apropria-se da linguagem oral sem que seja necessária qualquer forma de relação consciente com essa linguagem. Porém, essa linguagem não deixa de adquirir aspectos individuais. A forma com que cada pessoa utiliza a linguagem não é totalmente igual à forma de outra pessoa.

[25] Espontânea condiz com tudo aquilo que não é acompanhado de reflexão, de uma relação consciente.

deve permanecer neste primeiro momento, e sim deve possibilitar o desenvolvimento de um *indivíduo para si*, em que ele faz de sua vida uma relação consciente com o gênero humano. Para Duarte (1999), essa relação (indivíduo e gênero) se concretiza pelos processos de objetivação e apropriação que, na formação do *indivíduo para si*, tornam-se objeto de constante questionamento, desfetichização. A formação do *indivíduo para si* é a de um posicionamento sobre o caráter humanizador ou alienador dos conteúdos e das formas de suas atividades objetivadoras, o que implica a formação de igual posicionamento em relação aos conteúdos das objetivações das quais ele se apropria e das formas pelas quais se realiza essa apropriação.

Portanto, o fato das objetivações genéricas serem constituídas por formas elaboradas do gênero humano, como a ciência, a arte, a filosofia, a moral, a política, a educação, a EF e o esporte, não significa que os conteúdos concretos dessas objetivações não reproduzam o estranhamento, tornando-se fato não humano, ou seja, fato objetivado e apropriado sem relação consciente com a produção humana. Por isso, um processo de ensino do esporte deve possibilitar, ainda no interior das relações sociais de dominação, o desenvolvimento da *individualidade para si* de maneira a ter uma relação consciente com o gênero humano, no sentido de recuperar, no sujeito, a noção de que, embora objetivado, o mundo social foi feito por homens e mulheres, e, portanto, possivelmente refeito por eles. Para o alcance desse objetivo, o processo de ensino não deverá permanecer somente no conhecimento do que o indivíduo é, e sim, no do "vir a ser" da individualidade humana, no que o indivíduo pode vir a fazer.

A discussão do "vir a ser" nos é apresentada por Vigotsky (1999), que, por meio de conceitos tais como signos e instrumentos, processos inferiores, processos superiores, zona de desenvolvimento proximal e outros, demonstra o quanto é importante no processo de ensino uma orientação baseada ao "amanhã do desenvolvimento humano". Para este entendimento, Vigotsky (1999), por meio da dialética materialista e sob o conhecimento da Psicologia, discute a relação estabelecida entre desenvolvimento e aprendizado e supera as teorias que defendem ou o desenvolvimento (maturação), ou o aprendizado como determinantes ou a simples interrelação entre eles, e sim demonstra que existe relação dinâmica e complexa entre aprendizado e desenvolvimento. "O desenvolvimento nas crianças nunca acompanha o aprendizado escolar da mesma maneira como uma sombra acompanha o objeto que o projeta" (p.119).

Vejamos, então, como Vigotsky (1999) elabora sua linha de raciocínio:

Por meio de conceitos, como instrumentos e signos, Vigotsky deu continuidade à discussão estabelecida por Marx e Engels sobre o trabalho, para estes, principal fundamento de mediação na interação sujeito e natureza, pois o processo de trabalho condiz com o processo de objetivação das condições materiais intrinsecamente relacionadas com as necessidades da humanidade. Nas palavras de Marx (1983, p.149),

> Antes de tudo, o trabalho é um processo entre o homem e a natureza, um processo em que ele, por sua própria ação, media, regula e controla seu metabolismo com a natureza. Ele mesmo se defronta com a matéria natural como uma força natural. Ele põe em movimento as forças naturais pertencentes à sua corporalidade, braços e pernas, cabeça e mão, a fim de apropriar-se da matéria

natural numa forma útil para sua própria vida. Ao atuar por meio desse movimento sobre a natureza externa a ele e ao modificá-la, ele modifica, ao mesmo tempo, sua própria natureza.

Foi com o trabalho, uma atividade prática e intencional, que os homens e as mulheres mediatizaram a sua relação com a natureza, superando a relação imediata com o mundo natural. Nesta relação mediatizada, encontram-se os instrumentos de trabalho, no qual as pessoas, como diz Marx apud Vigotsky (1999) "usam as propriedades mecânicas, físicas e químicas dos objetos, fazendo-os atingirem como forças que afetam outros objetos no sentido de atingir seus objetivos pessoais" (p.72).

Assim, o instrumento tem a função de conduzir a influência humana sobre o objeto da atividade levando a mudanças neste. "Constitui um meio pelo qual a atividade humana externa é dirigida para o controle e domínio da natureza" (VIGOTSKY, 1999, p.73).

No processo de mediação entre o sujeito e a natureza, além do controle da natureza por meio dos instrumentos, existe, juntamente com este, o controle do comportamento por meio do uso de signos tais como a linguagem, a escrita, o sistema de números e a integração destes socialmente elaborados como os valores, crenças, conhecimentos da cultura e conceitos científicos. Para Vigotsky (1999), o uso de signos age como um instrumento da atividade psicológica de maneira análoga ao papel de um instrumento no trabalho.

Nesta perspectiva, devemos considerar que existe uma ligação mútua entre o controle da natureza, com o uso de instrumentos, e o controle do comportamento com o uso de signos. Com estes, cria-se uma realidade humanizada tanto objetiva como subjetivamente. Instrumentos e signos são criados nas e pelas relações sociais ao longo da história humana e são responsáveis pela mudança da forma e do nível de desenvolvimento cultural da sociedade. Assim como os instrumentos de trabalho mudam historicamente, os do pensamento também se transformam historicamente. E assim como novos instrumentos de trabalho dão origem a novas estruturas sociais, novos instrumentos do pensamento dão origem a novas estruturas mentais.

A combinação entre instrumentos e signos forma o que Vigotsky (1999) denomina processos superiores ou formas mediadas e elaboradas de comportamentos. A história do comportamento nasce do entrelaçamento entre tais processos superiores, de origem sócio-histórica e os processos elementares, de origem biológica. As funções elementares devem ser o ponto de partida para o estudo do processo histórico de desenvolvimento, pois as funções rudimentares, inativas, permanecem não como remanescentes vivos da evolução biológica, mas como remanescentes do desenvolvimento histórico do comportamento. Dessa forma, tem-se a possibilidade de compreender o salto qualitativo que o ser humano realiza no processo cultural, passando de processos elementares (espontâneos) a processos elaborados e complexos de comportamentos.

Por meio desta forma de tratar o desenvolvimento humano, Vigotsky (1999) critica as teorias que afirmam que tal coisa é resultado ou da maturação biológica, na qual o comportamento humano encontra-se pré-formado no sujeito ou da estimulação externa, na qual a natureza aparece como determinante do desenvolvimento. O conceito de desenvolvimento para Vigotsky (1999) implica a rejeição do ponto de vista comumente aceito de que o desenvolvimento cognitivo é o resultado de uma acumulação gradual de mudanças isoladas.

Acreditamos que o desenvolvimento da criança é um processo dialético complexo caracterizado pela periodicidade, desigualdade no desenvolvimento de diferentes funções, metamorfose ou transformação qualitativa de uma forma em outra, embricamento de fatores internos e externos, e processos adaptativos que superam os impedimentos que a criança encontra (p.97).

A expressão "(...) que superam os impedimentos que a criança encontra" acima mencionada pelo autor nos remete novamente à discussão do "vir a ser" possível da individualidade humana e à importância da sua compreensão para o processo de ensino no que tange à possibilidade de desenvolver no indivíduo a capacidade de relação consciente com a produção genérica e, sobretudo, a capacidade de transformação histórica. Como afirma Gramsci (1987), a possibilidade não é a realidade, mas é, também ela, uma realidade, pois indica o que o sujeito pode ou não pode fazer. Isto tem importância na valorização daquilo que realmente se faz. Possibilidade quer dizer liberdade e a medida da liberdade entra na definição de homem.

Entretanto, para isso Vigotsky (1999) estabelece dois níveis de desenvolvimento: o real, entendido como aquelas conquistas já consolidadas no sujeito e o potencial, que representa o que se encontra em processo de desenvolvimento. O real indica as funções que já se desenvolveram, ou seja, que são do domínio do indivíduo. Porém, um processo de aprendizado orientado para este nível, para o que já foi atingido, torna-se ineficaz para o desenvolvimento, pois não despertará processo interno deste. Entre estes níveis, deve-se considerar, prioritariamente, a zona de desenvolvimento proximal que nos permite delinear o futuro imediato da criança e seu estado dinâmico de desenvolvimento, propiciando o acesso não somente ao que já foi atingido pelo desenvolvimento, como também àquilo que está em processo de maturação. Ou seja, consiste em possibilitar que aquilo que a criança realiza hoje, com ajuda, seja realizado por ela, sozinha, tornando-se nível de desenvolvimento real.

Neste ponto de vista, o processo de ensino deve considerar tanto a influência do contexto como a história prévia do indivíduo a fim de produzir algo fundamentalmente novo no desenvolvimento, propiciando formas elaboradas de pensamento. Neste sentido, cria-se a necessidade de uma concepção de educação que, enquanto forma elaborada, constituída no processo da existência humana, proporcione a superação do conhecimento cotidiano e a apropriação do saber universal objetivado e acumulado pela humanidade, capacitando alunos e professores a produzir conhecimento novo e necessário para transformar o sentir, o ver, o pensar e o fazer a vida e o mundo rumo à transformação social.

No que tange ao esporte, entendê-lo e praticá-lo enquanto uma prática social objetivada e apropriada no processo da existência humana significa também entendê-lo e praticá-lo enquanto cultura corporal, integrante da cultura do homem e da mulher, constituído na relação com a totalidade e formado pela interação de diferentes práticas sociais. Compete à EF dar tratamento pedagógico ao esporte como conteúdo, de forma que a sua presença na escola esteja comprometida com a superação das relações sociais capitalistas, presente na organização da instituição escolar. Para Escobar (1997), processo em expansão contínua da massificação de certas modalidades de esporte que impede o livre curso de expressões capazes de ampliar o patrimônio da cultura corporal requer da EF promover na escola o reconhecimento dos elementos de dominação que elas contêm.

"Para tanto, o projeto político-pedagógico, vertente de um projeto histórico superador, deve promover a partir da unidade metodológica a revisão do conhecimento espontâneo à luz do conhecimento científico do real, sempre em permanente ligação com perspectivas de efetivo exercício da cidadania" (p.45).

Neste caso, o entendimento de técnica não deverá restringir-se à simples prática motora, e sim enquanto conhecimento elaborado no processo de desenvolvimento humano, científico e tecnológico, com o intuito de desenvolver o domínio do instrumental teórico-prático que os homens e as mulheres produziram na caminhada civilizatória para entender e transformar a natureza, a história, a sociedade e a si mesmos.

Dominar o conhecimento, seja das ciências naturais ou sociais, deve significar o desafio e o encorajamento de cada um para que seja sujeito histórico de um projeto que aponte no sentido da superação das desigualdades. Faz-se necessário, para isso, como coloca Saviani (1997), o entendimento de igualdade "em termos reais e não apenas formais", no qual a pedagogia "busca, pois, converter-se, articulando-se com as forças emergentes da sociedade, em instrumento a serviço da instauração de uma sociedade igualitária" (p.75).

Pelo exposto, demonstramos a necessidade de uma concepção clara sobre o processo de constituição da existência humana como também, a importância de que todos os seres humanos se apropriem das objetivações genéricas, entre elas, o esporte, para poderem viver e formar-se enquanto seres sociais, pois como afirma Duarte (2001), a humanização avança na medida em que a atividade social e consciente dos homens produz objetivações que tornem possível uma existência humana cada vez mais livre e universal.

2.2. Ciência: prática social objetivada e apropriada no processo da existência humana

Entender o esporte enquanto cultura corporal, elevando os seus aspectos técnicos, táticos, valorativos etc. à compreensão de produção cultural, implica na necessidade de refletirmos sobre a ciência enquanto parte real da história natural e da humana, pois, para a construção de uma orientação pedagógica qualitativamente alterada para o ensino do esporte escolar, faz-se necessário que as dimensões científicas que envolvem a prática esportiva (ciências do esporte) sejam entendidas como elementos integrais fundantes e fundados do e no processo de elaboração do mundo natural e social.

A clareza do entendimento de ciência torna-se necessária à apresentação de uma base epistemológica dada ao conhecimento apreendido e que orienta a seleção, organização e sistematização teórica/metodológica do saber.

Na relação dialética do sujeito com a natureza, encontra-se posto o processo de construção de conhecimento, no qual surge o compromisso da investigação científica.

A ciência como uma das formas de conhecimento produzido pelo sujeito no processo histórico, exprime as necessidades materiais de cada momento, possibilitando identificar uma recíproca relação entre as necessidades humanas e o conhecimento produzido. Neste sentido, Rosa (1998), fundamentado em Gramsci, nos diz que a ciência constitui-se em uma prática social fundante do processo de cognição do mundo, portanto, responsável pela tomada de consciência do conjunto de relações estabelecidas pelos homens e as mulheres no processo de produção da vida, espaço, também, que revela o ser da pessoa enquanto construtor e revelador da totalidade concreta do real. Este entendimento pressupõe que a ciência apresenta-se como mediadora, elemento capaz de dar movimento à relação do sujeito com a natureza, contribuindo para a compreensão do ser social, na direção do que ele é e no que ele pode *vir a ser*.

A ciência no estágio moderno, segundo Gramsci (1987), condiz com o primeiro modelo de mediação dialética entre o homem e a natureza, a célula histórica elementar por meio da qual o homem colocando-se em relação com a natureza por meio da tecnologia a conhece e a domina.

Ao pensar a prática científica, Gramsci (1987) nos chama a atenção para duas questões essenciais inerentes à ciência:

– Retifica incessantemente, o modo do conhecimento; retifica e reforça os órgãos sensoriais e aperfeiçoa os instrumentos de experiência e de verificação;

– Aplica este complexo instrumental (teórico/prático), para determinar, nas sensações, o que é necessário e o que é arbitrário, individual e transitório.

Por meio da ciência, o sujeito supera a sua relação imediata com a natureza e estabelece uma relação mediada, fato este que nos remete à discussão da ciência com o conhecimento cotidiano ou senso comum.

Para Gramsci (1987), "todos os homens são filósofos", ou seja, todo o sujeito pensa e age a partir de significados que podem ser conscientes ou inconscientes, sendo que de forma inconsciente, o sujeito é direcionado por uma concepção de mundo que se encontra implícita na linguagem, no senso comum, no bom senso e na religião. Então, todos os homens e mulheres são filósofos, porém, neste aspecto, coloca-se o problema fundamental de toda a concepção de mundo, já que a "filosofia vulgar" é "apenas um conjunto desagregado de ideias e opiniões" (p.16), que não realiza uma leitura apurada do real.

A ciência, como forma elaborada, construída no processo de produção da vida e que se apresenta reveladora do mundo, contrapõe-se à filosofia vulgar do senso comum, concepção de mundo em que o "traço fundamental e mais característico é o de ser uma concepção (inclusive nos cérebros individuais) desagregada, incoerente, inconsequente, adequada à posição social e cultural das multidões, das quais ele é a filosofia" (GRAMSCI, 1987, p.143).

Com este intuito, o senso comum constitui-se numa dimensão concreta que segundo Gramsci apud Rosa (1998): a) tenta explicar a realidade do mundo com base no sensismo; b) Absorve e reproduz as concepções metodológicas do mundo; c) Aceita passivamente sua função-posição nas esferas das práticas sociais.

Procurar a essência e a coerência lógica do senso comum possibilita condições para a passagem do nível do conhecimento cotidiano ao conhecimento elaborado de maneira a desvendar os valores que sustentam as práticas, tanto individuais quanto coletivas. Elevar o simples pensar ao pensar crítico é processo construído pelo trabalho intelectual, que se inicia no inventário "daquilo que somos realmente" à leitura "histórica e política" da realidade (Gramsci, 1987).

Kopnin (1978) considera que a ciência se opõe ao conhecimento rotineiro, pelo fato deste surgir enquanto resultado da generalização da experiência da vida diária. Aponta alguns aspectos que diferenciam o conhecimento científico do rotineiro e aspectos que demonstram onde não existe essa diferença. Tanto o conhecimento científico como os rotineiros são únicos no sentido de sua orientação para o objeto. Seja qual for a forma e a linguagem estabelecida, o conhecimento científico tem por conteúdo a mesma realidade objetiva, seus fenômenos, processos, propriedades e leis que possui o conhecimento rotineiro. A diferença é que o conhecimento científico abrange a realidade com mais profundidade e objetividade que o conhecimento rotineiro.

Quanto à linguagem, o autor explica que, por um lado, o abismo entre tais tipos de conhecimento aumenta e, por outro lado, diminui. Aumenta se entendermos por rotineira a linguagem desprovida da terminologia científica moderna. Diminui já que a ciência e sua terminologia penetram intensamente na consciência habitual das pessoas. Enquanto a terminologia da ciência moderna incorpora-se à consciência comum das pessoas, a ciência avança, mantendo a diferença entre o conhecimento científico e o rotineiro. Porém, esta diferença não é estática, e sim dinâmica, incentivando-nos a difundir por todos os meios o conhecimento científico, exigindo a elevação do conhecimento rotineiro até o nível de científico com sua linguagem específica. O autor também chama a atenção para o fato de que a passagem de tais níveis não consiste em uma simples transferência de linguagem, mas numa mudança de conteúdo e forma do conhecimento.

Porém, o fato da ciência constituir-se em uma forma elaborada do gênero humano, capaz de proporcionar a superação da imediaticidade cotidiana, não lhe retira o caráter contraditório de constituir-se, também, numa esfera que reproduz o estranhamento, contribuindo para manter o ser humano na individualidade do *em si*.

Manacorda (1991), considerando o pensamento de Marx, discute a prática científica, esclarecendo que, quanto mais a ciência, especificamente a da natureza, penetrou de maneira prática na vida humana, tanto mais determinou de maneira imediata a sua desumanização, fato que se desenvolveu, de maneira significativa, pela indústria, na qual as funções do conhecimento científico e da execução prática tornaram-se distintas, e a ciência configurou-se como entidade em si e não parte integrante do trabalho desenvolvido pelo trabalhador.

Sobre esta questão, Pereira & Gioia (1996a) explicam que no processo de transição de uma sociedade agrária a uma sociedade industrializada, o trabalhador segue o ritmo da máquina, perdendo a noção de seu próprio ritmo, pois a ideia consiste no aumento da produção num menor tempo, aumentando, assim, o lucro do capitalista e, consequentemente, a desqualificação do trabalhador.

Com o aumento da produção, a indústria não produz somente as necessidades, mas produz para um mercado indeterminado que ela mesma cria e o capital industrial supera o comercial. A ordem feudal vai se esgotando com a classe burguesa na luta pelo poder, colocando-se contrária ao mercantilismo que a princípio defendia, o que consistia em uma série de medidas adotadas pelo Estado (baseadas em um conjunto de teorias econômicas), para conseguir riqueza e poder, para manter no país o ouro e a prata nele existentes ou para aumentar sua reserva desses metais. A burguesia passa a defender um governo liberal representado por ela, com uma concepção de economia baseada em "leis naturais, sem intervenção do Estado, em que a livre concorrência "favorecia" tanto produtores quanto consumidores.

Com algumas revoluções, a burguesia foi periodicamente tomando o poder, ao mesmo tempo em que se estabelecia o sistema capitalista.

Três grandes revoluções ocorridas no século XVIII e XIX na Europa contribuíram para a legitimação deste sistema e direcionaram a economia e a política do mundo inteiro: a Revolução Industrial, de caráter econômico, que se deu primeiramente na Inglaterra e que já vinha tomando rumo com a indústria moderna, inclusive com a revolução política da burguesia já no século XVII; a Revolução Francesa, essencialmente política, considerada revolução de massa que resultou na tomada de poder da burguesia com Napoleão Bonaparte na liderança; e a Revolução Tardia na Alemanha, também de cunho econômico, que apesar do atraso na realização de sua revolução industrial tornou-se grande potência capitalista industrial.

Desta forma, o quadro mundialmente apresentado caracterizou-se por uma divisão de classes, em que os trabalhadores eram explorados em prol da manutenção da posição privilegiada da burguesia que, a fim de direcionar economicamente a sociedade, direcionavam também as práticas sociais dos indivíduos, firmando seus valores liberais: a liberdade, o individualismo e a igualdade. Como nos declaram Pereira & Gioia (1996b), liberdade no sentido de independência em relação a qualquer elemento externo ao indivíduo e em relação às paixões que nos ligam ao mundo exterior (economia e ideias direcionadas por leis naturais); o individualismo, no sentido de ruptura dos laços entre o indivíduo e o universo, o mundo exterior e a igualdade, na medida em que a razão é igual em todos os homens.

A perspectiva científica toma um rumo comum: acelerar a acumulação de capital por meio do incremento da chamada mais valia, para o qual se torna necessária a modernização do aparato produtivo por meio do desenvolvimento científico.

A divisão entre trabalho manual e trabalho intelectual se intensifica e nega a uma grande parcela de trabalhadores as potências intelectuais do trabalho, tornando-o uma atividade dominada pela espontaneidade, pela naturalidade (por exemplo, a força física) e pela casualidade. Neste sentido, o capital subsumiu a ciência, tornando-a, também, uma força alheia, exterior ao sujeito, que passou a dominá-lo e contribuir para o processo de sua desumanização.

O moderno processo de desenvolvimento, baseado na propriedade privada dos meios coletivos de produção, que significa a apropriação do trabalho alheio, resulta também na apropriação privada da ciência. Neste âmbito, o preexistente vínculo entre ciência e ação é negado e, dessa forma, as relações do sujeito com a natureza limitam-se às mais estritas necessidades corporais. Manacorda (1991), sob a direção do pensamento de Marx, sintetiza esse entendimento dizendo que o trabalhador tanto mais pobre se torna quanto mais produz riqueza, tanto mais desprovido de valor e dignidade quanto mais cria valores, tanto mais disforme quanto mais toma forma o seu produto, tanto mais embrutecido quanto mais refinado o seu objeto, tanto mais sem espírito e escravo da natureza quanto mais é espiritualmente rico o trabalho.

Esse processo contraditório nos permite entendermos o estado atual da tecnologia[26], igualmente contraditório, que consolida o monopólio cultural dos países desenvolvidos em detrimento do empobrecimento cultural dos paí-

---

[26] Na Conferência Mundial de Ciência, realizada na Hungria em junho de 1999, foi denunciada a predominância da tríade Estados Unidos, Japão e Europa na hierarquia científica mundial. Estes territórios são responsáveis por mais de 90% da produção científica, representados por uma população de 20% da humanidade. Os demais países, onde vivem 80% da população mundial, participam no processo de produção do conhecimento com menos de 10%. Os países em desenvolvimento são responsáveis por apenas 2% das inovações tecnológicas produzidas anualmente, correspondendo a 0,02% da contribuição da América Latina. Dados fornecidos por Taffarel no II congresso Estudantil e Popular de Ciência e Tecnologia. Santa Maria/RS – 03 a 07 de abril de 2002.

ses menos desenvolvidos, que cada vez mais se tornam dependentes do conhecimento técnico-científico.

Essa relação estranhada e alienada do trabalhador com a sua produção técnico-científica nos é apresentada por Manacorda (1991). O autor esclarece que essa relação não é natural, e sim histórica. Trata-se de uma relação entre trabalhador e sua atividade que não é, de modo algum, natural, mas que contém já em si uma específica determinação econômica. Por ser histórica, contém, em si o germe da transformação, pois a partir do entendimento positivo da atividade humana, enquanto manifestação de si, considerada como coisa do indivíduo concreto e social e como uma grandiosa relação com a natureza e a história, a atividade do homem e da mulher (entre elas, o trabalho e a ciência), apresenta-se enquanto produção cultural, portanto, também, como meio de emancipação humana. Agindo de modo voluntário, universal e consciente como ser genérico, o ser humano liberta-se da sujeição à causalidade, à natureza, à limitação animal, cria uma totalidade de forças produtivas e delas dispõe para desenvolver-se na totalidade.

Torna-se inevitável, para esse processo de emancipação, a recuperação de uma identidade entre ciência e trabalho, e tal recuperação não se realiza a não ser como reapropriação da ciência por parte de todos os indivíduos no processo coletivo da produção moderna. Enfim, é formar uma realidade em que ciência e trabalho pertençam a todos os indivíduos. Neste sentido, a ciência passa a ser uma prática social que impera a imediaticidade das práticas cotidianas, pois produzida e apropriada no plano genericamente humano e social torna-se possibilidade universal de riqueza a serviço da formação de uma cultura que a utilize como patrimônio a ser socializado nas esferas da educação, saúde, habitação, produção e distribuição de alimentos etc., pois como afirma Gramsci (1987), criar uma nova cultura não significa apenas fazer individualmente descobertas "originais", significa também e, sobretudo, difundir criticamente verdades já descobertas, "socializá-las" por assim dizer, transformá-las, portanto, em base de ações vitais, em elemento de coordenação e de ordem intelectual e moral.

Para esse entendimento, torna-se necessário compreendermos também que a ciência caracteriza-se por uma atividade metódica, sustentada pelas concepções que a geram. Desde as primeiras formas de organização sociais é possível identificar que as metas para conhecer a realidade não permanecem as mesmas porque refletem as condições históricas concretas como as necessidades, a organização social, o desenvolvimento técnico, as ideias e o próprio conhecimento já produzido.

Assim, o desenvolvimento do ser humano e de sua história expressam que ao alterar a concepção que o sujeito tem sobre si e sobre a realidade, todo o procedimento para se chegar ao conhecimento se altera. Portanto, concordamos com Andery et al. (1996b) que, ao refletir sobre o método científico, afirma que este expressa concepções de homem, de natureza, de sociedade, de história e de conhecimento que trazem a marca do momento histórico no qual o conhecimento é produzido, explicitando, assim, quais as exigências atendidas, quais as possibilidades realizadas.

Nesta perspectiva, Löwy (1994) chama a atenção para o fato de que a objetividade científica sobre a sociedade apresenta-se ligada, direta ou indiretamente, a uma visão social de mundo. O autor compara a prática de fazer ciência com a arte de pintar. A verdade objetiva sobre o social é concebida como uma paisagem pintada por um artista e não como uma imagem de espelho, alheia ao sujeito. Mais verdadeira será a paisagem, quanto mais alto o observatório ou *belvedere* onde se encontra o artista "permitindo-lhe uma vista mais ampla e de maior alcance do panorama irregular e acidentado da realidade social" (p.14).

Esta questão nos leva a criticar a condição defendida pelos positivistas, de querer aplicar às ciências sociais o modelo de objetividade científica das ciências naturais, pois para alcançar a objetividade científica negam os preconceitos, prenoções e pressuposições sociais ou políticas. Em outras palavras, os cientistas positivistas veneram tanto a verdade, mas limitam-se a um pequeno observatório, fato, que leva Löwy (1994), a pensar na célebre história do Barão de Münchhausen. Este herói consegue livrar a si e a seu cavalo de serem tragados por um pântano, com um golpe excepcional: puxando-se pelos próprios cabelos.

Ora, para se livrar dos preconceitos e prenoções primeiramente faz-se necessário conhecê-los, caso contrário não são sequer formulados e permanecem subjacentes às produções de conhecimento. "Eles constituem o que a sociologia do conhecimento designa como *o campo do comprovado como evidente*, um conjunto de convicções, atitudes ou ideias (do pesquisador e de seu grupo de referência) que escapa à dúvida, à distância crítica ou ao questionamento" (LÖWY, 1994, p. 32).

Kopnin (1978), na discussão sobre o método do conhecimento, parte da crítica ao modelo metafísico da análise do conhecimento.

Este autor, fundamentado em Engels, escreve que a desintegração da natureza em partes isoladas, a divisão de processos e objetivos da natureza em classes determinadas, bem como o estudo da estrutura interior dos corpos orgânicos de acordo com suas variadas formas, constituem a condição fundamental para os êxitos alcançados no campo do conhecimento da natureza. Contudo, ao mesmo tempo, nos legou a prática de analisar as coisas e processos em seu isolamento, fora da relação geral que existe entre eles, em um estado de imobilidade, eternamente imutável.

Kopnin (1978) continua sua análise declarando que a ciência clássica reduz o método filosófico de conhecimento científico a três momentos: indução, dedução e verificação da teoria no experimento, em que a indução conduz à construção teórica, a dedução permite conseguir o efeito da teoria e o experimento verifica esses efeitos. Neste aspecto, a lógica do pensamento consiste num ciclo, indução-dedução-verificação, que se repete.

Porém, o método, enquanto um meio de obtenção de determinados resultados no conhecimento, reflete as leis do mundo objetivo sob a ótica do procedimento que o sujeito deve adotar para obter novos resultados. O método científico passa a ser a regularidade interna do movimento do pensamento humano, tomada como reflexo subjetivo do mundo objetivo, ou, o que é a mesma coisa, como lei objetiva "transplantada" e "transferida" na consciência humana, empregada de modo consciente e planificado como veículo de explicação e mudança do mundo.

Por isso, o dispositivo formal do pensamento, elaborado pela lógica empírico-analítica, torna-se incapaz de explicar o desenvolvimento do conhecimento científico, pois o pensamento racional, nesse processo de análise, é capaz de relacionar objetividade com imobilidade, absolutividade com imutabilidade, mas não é capaz de alcançar a relação da objetividade do conhecimento com o seu desenvolvimento.

Kopnin (1978), pela história do desenvolvimento do método filosófico, demonstra que os objetivos dos filósofos dos séculos XVII e XVIII era dominar a natureza e, nesse processo, fazer descobertas científicas. "A filosofia da Idade

Moderna mostrou nitidamente que sem método é impossível resolver a tarefa de aprender a natureza e dominar as suas forças espontâneas" (p.101).

O autor nos diz que Bacon, ao elaborar o método, se orientou nas ciências naturais experimentais, razão que levou o seu método, a seguir os componentes da indução, análise, comparação, observação e experimento, sendo este convertido em instrumento fundamental do conhecimento.

Já Galileu e Descartes tomaram outro caminho.

Galileu combinou a experiência (observação e experimento) com uma precisa análise matemática, em que o objetivo consistiu em revelar os elementos mais simples a partir dos quais se constroem os fenômenos da natureza, como também a veracidade das proposições pela dedução. "Em Galileu, encontramos a unificação dos métodos indutivo-experimental e abstrato-dedutivo" (KOPNIN, 1978, p.102).

Descartes propunha a formação de uma filosofia prática que torna os sujeitos "senhores e soberanos da natureza", colocando a ciência em base sólida, a partir da intuição racional e da dedução.

Esses pensadores se caracterizam, na colocação do problema do método filosófico, pelo empenho em transformar o método aplicado – método da ciência particular – em modo universal de construção da teoria científica. Ao contrário, Kant, e posteriormente Hegel, não procuraram converter em método universal o método de qualquer ciência particular. O método proposto por Kant, procura, no sentido de superar os limites do método sustentado pela visão mecanicista, extrair da análise do próprio pensamento os caminhos do movimento do pensamento no sentido da verdade.

Hegel avançou um pouco mais ao revelar o método filosófico como a progressão do movimento mediante as contradições e a negação enquanto forma de automovimento e sob este processo construiu um sistema de categorias, enfatizando seu caráter objetivo. Kopnin (1978) analisa o pensamento dos referidos filósofos e conclui que se faz necessário um método filosófico, que além de reconhecer a relação estreita e recíproca entre o método filosófico e o método das ciências especiais, possa explicar segundo que leis se processa o desenvolvimento do conhecimento científico, qual a sua tendência fundamental e suas peculiaridades no sentido de contribuir para o desenvolvimento do conhecimento, enriquecendo-o com novos resultados.

Para tanto, refere-se à dialética materialista, pois esta não serve a si mesma, nem tampouco à sua autojustificação. "Ela é um método de aquisição da verdade objetiva e está subordinada à tarefa de representar as leis da natureza e da vida social tais quais elas existem na realidade" (KOPNIN, 1978, p.98-99). Tal fato nos leva a discutir a identidade entre a dialética, a lógica e a teoria do conhecimento, no sentido de compreender a dialética materialista como ciência das leis gerais do movimento tanto do mundo exterior como do pensamento humano.

Kopnin (1978), em relação a esta questão, explica que antes de Aristóteles, a filosofia, pelo fato de não se encontrar suficientemente desenvolvida, não se desmembrava em ontologia (doutrina do ser), gnosiologia (doutrina do conhecimento) e lógica (ciência das leis e forma do pensamento). Com Aristóteles apenas se vislumbrava esta separação. Somente no século XVII e meados do século XVIII, período em que se separavam da filosofia todos os setores principais do conhecimento científico, é que ocorre a divisão entre a ontologia, a lógica e a gnosiologia, especificamente no pensamento de Kant, que reduz a teoria do conhecimento a simples estudo das formas da atividade subjetiva do homem, renegando, dessa maneira, a elucidação do conteúdo objetivo do saber. Essa divisão ocasionou, também, o avanço das ciências naturais, que passou a produzir conhecimento sem necessitar da ontologia, que trata das leis gerais do ser.

Após Kant, pela filosofia de Hegel, ocorre a unificação da teoria do conhecimento com a lógica e a ontologia. Para Kopnin (1978), Hegel entendeu que as leis do pensamento são, simultaneamente, as leis da realidade objetiva. Porém, essa superação deu-se com base idealista, em que, para Hegel, o pensamento é a base de tudo e todo o processo de desenvolvimento não é mais que a apreensão do pensamento por si mesmo, ou seja, autoconhecimento.

A teoria marxista, tendo como ponto de partida o contexto teórico de Hegel, apresenta uma possibilidade para a relação das leis do pensamento com as leis do mundo objetivo pelo princípio do reflexo e da concepção dialética do sujeito e do objeto no processo da atividade prática do homem.

Kopnin (1978), neste sentido, declara que o pensamento não segue outras leis exceto aquelas que existem na realidade objetiva. Porém, o sujeito deve interpretar estas leis, do ponto de vista do modo de sua transformação em leis e formas do pensamento. Isto quer dizer que a ciência, à medida que apreende as leis do movimento do objeto e processos sob formas de pensamento, cria desta maneira um certo método de compreensão do seu objeto.

Kopnin (1978), fundamentado em Lênin, escreve que a concordância entre as leis do pensamento e as leis do ser não significa que entre elas não haja diferenças. "Elas são unidas por conteúdo, mas diferentes pela forma de sua existência" (p.52), e explica que uma vez apreendidas, as leis do mundo objetivo se convertem também em leis do pensamento, e todas elas são representadas do mundo objetivo. No momento que revelamos as leis do desenvolvimento do objeto, revelamos as do conhecimento e vice-versa, ou seja, mediante o estudo do conhecimento e suas leis, descobrem-se as leis do mundo objetivo. Além do que a dialética subjetiva é entendida não apenas como o movimento do pensamento, mas também como a atividade histórica do homem em seu conjunto, em que se inclui o próprio pensamento. Em síntese, Kopnin (1978) ressalta que a coincidência entre as leis do pensamento e as do ser, verificadas na ação prática do homem sobre a natureza, é a base para a coincidência entre a dialética, a lógica e a teoria do conhecimento, já que no ponto de vista da dialética materialista não pode haver um entendimento de ciência isolado do ser em geral (ontologia) ao mesmo que não pode haver gnosiologia (que analisa as formas e leis do conhecimento) sem que aborde suas relações com as formas e leis do ser.

Assim, a relação do pensamento com o ser consiste no ponto de partida de todas as categorias da dialética materialista, desempenhando a função quer de ontologia, quer de gnosiologia, de maneira que:

> Todas as categorias do materialismo dialético sejam ao mesmo tempo ontológicas (no sentido de que têm conteúdos tomados ao mundo objetivo, ao ser) e gnosiológicas (de vez que nelas se resolve o problema da relação do pensamento com o ser e elas mesmas são um degrau do movimento do conhecimento) (KOPNIN, 1978, p.61).

Sobre as leis e categorias da dialética, Cheptulin (1982) nos diz que estas refletem as leis do desenvolvimento do conhecimento, como também constituem os pontos centrais, os graus e as formas do funcionamento do desenvolvimento do processo de cognição.

Quando o sujeito, no seu processo de prática social, analisa a situação, define objetivos e meios para a sua realização de maneira clara, não se confundirá diante de situações complexas. No atual momento, visivelmente complexo da ciência e tecnologia, o sujeito determina o caminho do progresso social. Este fato exige que o sujeito conheça as leis e categorias do desenvolvimento do conhecimento e do pensamento, de maneira a orientar-se criticamente.

Para Cheptulin (1982), ao se familiarizar com as leis e categorias da dialética, por serem estas graus do desenvolvimento do conhecimento e da prática social, ou seja, conclusões tiradas da história do desenvolvimento da ciência e da atividade prática, o sujeito conhece a cultura humana e amplia os seus horizontes. O autor explica que as formações do mundo material encontram-se em contínua interação, resultando no fato de que todos os fenômenos da realidade encontram-se em estado de correlação e interdependência universal. Neste caso, os conceitos pelos quais o sujeito reflete na sua consciência, a realidade, devem apresentar-se igualmente interdependentes e móveis, porque é somente assim que eles podem refletir a real situação das coisas. Da mesma forma, de maneira igual aos conceitos, apresentam-se as categorias que refletem "as formas universais do ser, os aspectos e os laços universais da realidade objetiva" (CHEPTULIN, 1982, p. 19).

Analisar as categorias da dialética permite desvendar a riqueza das leis da dialética, pois as categorias expressam as leis e os aspectos universais da realidade.

Nesta direção, Cheptulin (1982) apresenta as categorias enquanto graus do desenvolvimento da prática social. Ele nos diz que o conhecimento das formas universais do ser realiza-se no decorrer da atividade prática, no processo da transformação direcionado por uma meta e por meio da realidade. As ligações e as propriedades universais expressam-se não somente nas imagens e conceitos, mas também pelos meios de trabalho criados pelo sujeito e pelas formas de sua atividade humana. É por isso, então, que as categorias expressam não somente a especificidade do estágio correspondente ao desenvolvimento do conhecimento, mas também as particularidades das formas da atividade das pessoas. Assim, as categorias representam os graus do desenvolvimento da consciência e graus do desenvolvimento da prática social dos sujeitos, as relações entre eles e deles com a natureza. Nas palavras de Cheptulin (1982, p.140),

> As categorias, formando-se em uma certa ordem no curso do desenvolvimento do conhecimento social, estabelecem entre elas ligações e relações necessárias e, assim, formam a estrutura da atividade do pensamento dos homens, que se manifesta sob a forma de uma ordem lógica do conhecimento do objeto, sob formas universais do movimento do pensamento. No decorrer do conhecimento do objeto, o sujeito o concebe sob o prisma das categorias que se criou em sua consciência e, realizando uma síntese categorial, coloca em evidência as propriedades e as ligações próprias a este objeto e, em seguida, as formas específicas de sua manifestação em domínio concreto da realidade.

O referido autor discute a correlação das categorias e apresenta a prática social como fator determinante do conhecimento. Este começa precisamente com a prática, funciona e se desenvolve com base nela e se realiza por ela prática. Precisamente com base na prática é que se formam as categorias nas quais são refletidas e são fixadas as ligações e as formas universais do ser.

Com base na prática, o conhecimento desenvolve-se e representa um processo histórico, por meio do qual os sujeitos penetram cada vez mais, de maneira intensa, no mundo dos fenômenos. Nesse processo, as categorias surgem em uma ordem e em um estágio determinado do desenvolvimento do conhecimento, refletindo as particularidades desse estágio. Constituem-se, então, em graus e pontos de apoio para o conhecimento da natureza e para a elevação do sujeito acima deste. À medida que o curso do desenvolvimento do conhecimento penetra mais profundamente nos fenômenos, surgem novos aspectos e laços universais, que não voltam às categorias existentes e, sim, exigem ser fixados em novas categorias. Cada uma destas vai ocupar um lugar particular no sistema de categorias, determinado pelo processo do conhecimento. Para encontrar o lugar, o papel e a importância de cada categoria, de sua relação e correlação, como nos coloca Cheptulin (1982), faz-se necessário o "tratamento dialético da história do pensamento, da ciência e da técnica, assim como a do estudo da história do pensamento, do ponto de vista do desenvolvimento do sistema de categorias" (p.59).

Já que muitas categorias aparecem ao mesmo tempo e no mesmo grau de conhecimento, transformando-se e desenvolvendo-se em decorrência do desenvolvimento da prática social, devemos considerá-la na sua forma clássica, momento em que seu conteúdo está mais desenvolvido. Neste sentido, reproduzimos na consciência, as leis e aspectos universais da natureza, da sociedade e do pensamento, como também, reproduzimos o desenvolvimento do conhecimento, seus momentos inferiores e superiores.

Cheptulin (1982) relaciona as leis e categorias da dialética e diz que o que há de comum entre elas é que tanto uma como a outra refletem as leis universais do ser, as ligações e os aspectos universais da realidade objetiva, mas que existem diferenças entre elas. As leis da dialética refletem as ligações a as relações universais, enquanto as categorias refletem, além disso, as propriedades e os aspectos universais da realidade objetiva. Isto quer dizer que o conteúdo das categorias é mais rico do que o das leis.

Sendo a lógica o movimento do pensamento, a ciência contemporânea necessita de uma lógica que revele o conhecimento em seu desenvolvimento, enquanto processo de conhecimento da realidade pelo pensamento. A dialética do desenvolvimento da realidade consiste na lógica do pensamento combinado com a realidade.

Sobre esta questão, Lênin escreveu:

> Na teoria do conhecimento, como em todos os outros campos da ciência, deve-se raciocinar dialeticamente, não supor que o nosso conhecimento é acabado e imutável, mas entender de que modo o *conhecimento* surge do *desconhecimento*, de que modo o conhecimento impreciso e incompleto se torna mais completo e mais preciso (apud KOPNIN, 1978, p.52).

Porém, enquanto método, a dialética materialista trabalha à base de categorias como as de abstrato e concreto, lógico e histórico, razão e juízo, análise e síntese etc.

Enquanto termos mais gerais, as categorias refletem as leis mais gerais do desenvolvimento do mundo objetivo, entre as quais costuma-se apresentar as chamadas leis básicas: 1) Lei da unidade e luta dos contrários, 2) Lei da transformação das mudanças quantitativas em qualitativas, 3) Lei da negação da negação.

Sendo assim, queremos ressaltar a importância das categorias da totalidade, contradição, abstrato e concreto, lógico e histórico, sobre as quais faremos algumas considerações, por acreditarmos que estas se apresentam interrelacionadas reciprocamente, revelando-se na realidade histórica enquanto reflexos das leis mais gerais do desenvolvimento do mundo objetivo.

Consideramos, na elaboração deste conhecimento, a relação estabelecida entre tais categorias que, além de categorias de análise, servem também como categorias indispensáveis no processo do trato com o conhecimento, especificamente no desenvolvimento de uma possibilidade superadora para o trato do esporte no sistema escolar.

Vejamos como se apresentam as referidas categorias.

Kopnin (1978) acredita que o processo de desenvolvimento da ciência e da prática social, atualmente, exige o domínio do processo do pensamento, de maneira que seja possível dirigir o seu desenvolvimento. Além de apreender, o sujeito deve também dominar, conquistar, subordinar e governar o pensamento. Isto significa, transformá-lo em meio mais eficiente na conquista prática das potencialidades da natureza e da sociedade. Para tanto, há necessidade da apropriação da totalidade do real, pois este é concebido como um todo indivisível.

Para Kosik (1995), a categoria da **totalidade** é, sobretudo, e em primeiro lugar, a resposta à pergunta: o que é a realidade?

O autor diferencia o entendimento dos que consideram a totalidade concreta como um todo estruturado em curso de desenvolvimento e de autocriação e a posição dos que entendem a totalidade como o conjunto de todos os fatos. A totalidade para Kosik (1995) não significa todos os fatos, já que o conhecimento humano não pode abrangê-los, pois sempre é possível acrescentar fatos à realidade.

Totalidade significa, então: "realidade como um todo estruturado, dialético, no qual ou do qual um fato *qualquer* (classe de fatos, conjunto de fatos) pode vir a ser racionalmente compreendido" (KOSIK, 1995, p.44). Acumular todos os fatos ou reuni-los em seu conjunto ainda não constitui a sua totalidade. "Os fatos são conhecimentos da realidade se são compreendidos como fatos de um todo dialético (...) se são entendidos como partes estruturais do todo" (p.44).

Para a dialética materialista, o conhecimento da realidade consiste em um processo de concretização

> Que procede do todo para as partes e das partes para o todo, dos fenômenos para a essência e da essência para os fenômenos, da totalidade para as contradições e das contradições para a totalidade; é justamente neste processo de correlação em espiral no qual todos os conceitos entram em movimento recíproco e se elucidam mutuamente, que se atinge a concretização (KOSIK, 1995, p. 41).

Destacamos, então, que para o entendimento dialético-materialista da totalidade do real torna-se necessário partir do pressuposto de que o conhecimento humano desenvolve-se em um movimento em espiral. Como já salientamos, a prática social é considerada pela dialética materialista como fator determinante do conhecimento. Para Engels (1979), é precisamente a transformação da natureza pelo homem, e não a própria natureza como tal, que é o fundamento mais essencial e mais direto do pensamento humano, pois a inteligência do homem aumentou à medida que ele aprendeu a transformar a natureza.

Desenvolvendo-se com base na prática, o movimento e o desenvolvimento da realidade são condicionados por passagens de um estado a outro, qualitativamente mais elevado, ou seja, a luta dos contrários dá origem ao movimento e ao desenvolvimento.

Sendo a categoria que reflete a lei da unidade e luta dos contrários, a **contradição** representa nas palavras de Cheptulin (1982) "a interação dos aspectos e das tendências contrárias" (p.301).

Segundo o referido autor, a contradição foi enunciada, de maneira geral, como origem do movimento pelo filósofo grego Heráclito. Posteriormente, aplicada ao conhecimento por Hegel como raiz de todo o movimento e de toda a vitalidade. Cientificamente, foi desenvolvida com base materialista por Marx e Engels e depois por Lênin.

Cheptulin (1982) demonstra a importância da contradição para o movimento da vida pelo exemplo da interação da produção e do consumo, que, sendo aspectos contrários na sociedade, condicionam mudanças neles mesmos e nos domínios correspondentes da vida social. Por meio da produção de bens, as pessoas aperfeiçoam-se e suas necessidades modificam-se. As novas necessidades que surgem estabelecem novos objetivos para a produção. No processo realizado para satisfazer essas novas necessidades, o sujeito se aperfeiçoa: adquire novas necessidades, fixa a produção de novos objetivos e, assim, sucessivamente. À medida que ocorrem mudanças na relação de produção e consumo, ocorrem, por sua vez, mudanças correspondentes nos órgãos de poder, na política, na ética etc.

Para a apreensão do movimento contraditório do real, a unidade entre as categorias do **lógico e do histórico** assume papel fundamental.

Para Kopnin (1978), o **histórico** significa o processo de mudança do objeto, os momentos de seu surgimento e desenvolvimento. O **lógico**, por sua vez, significa o meio pelo qual o pensamento realiza a tarefa de apropriar-se do processo histórico real em toda a sua objetividade, complexidade e contrariedade. O lógico consiste, então, no reflexo

119

do histórico em forma teórica, ou seja, é a reprodução do objeto e da história do seu desenvolvimento no sistema de abstrações.

A representação do histórico pelo lógico, a reprodução da essência, da história e do desenvolvimento do objeto, se realiza sob as diversas formas de movimento do pensamento. A forma de pensamento é definida por Kopnin (1978) como modo de representação da realidade por meio da abstração. Isso implica no fato de que as formas de pensamento diferem entre si não pelo fato de umas refletirem determinados objetos e outras refletirem outros, e sim porque o mesmo objeto é representado de diferentes modos. "(...) daí cada forma exerce a sua função no movimento do pensamento no sentido da verdade objetiva" (KOPNIN, 1978, p.187).

Por meio da lógica dialética, o pensamento não segue o processo histórico em toda a sua parte. Deve-se começar o processo do conhecimento no seu ponto mais desenvolvido, na sua forma clássica, pois tal degrau supremo do conhecimento, incorpora todos os degraus inferiores, possibilitando, ao mesmo tempo, a descoberta da essência e da história do fenômeno.

Para que o movimento do pensamento no sentido da verdade objetiva se realize dialeticamente, devemos considerar as categorias do **abstrato** e do **concreto** vinculadas à categoria da totalidade, da contradição, do lógico e do histórico.

Para Kopnin (1978), a dialética materialista considera o concreto o ponto de partida e de chegada do conhecimento. Este não passa de maneira direta do sensorial-concreto ao concreto no pensamento. Esse caminho é complexo e contraditório. Para atingir o concreto autêntico, o conhecimento passa ao seu próprio oposto, ao abstrato, que neste processo constitui-se em um passo atrás, necessário, ao sucessivo avanço do conhecimento. Por um lado, o pensamento abstrato está mais distanciado do objeto, pois se vincula a ele por meio das sensações, percepções e noções. Por outro lado, está mais próximo dele por aprender a essência e as leis do movimento do fenômeno do mundo objetivo. Pela abstração se aprendem os mais profundos processos da natureza e da vida.

O autor explica que se o pensamento se encerra em abstração deixa de ser meio de conhecimento da realidade. A essência da abstração não consiste em apenas separar e isolar os indícios sensorialmente perceptivos. O pensamento teórico somente se conclui com o conhecimento concreto do objeto, um conhecimento novo, mais elevado. A princípio, o pensamento teórico se afasta do concreto (a noção plena 'evapora' até atingir o grau de definição abstrata), depois torna a remontar, precisamente remontar e não simplesmente retornar a ele, pois se cria um novo concreto.

Kopnin (1978) escreve que o movimento do conhecimento sensorial-concreto, por meio do abstrato ao concreto que reproduz o objeto no conjunto de abstrações é uma manifestação da lei da negação da negação. O abstrato é a negação do sensorial-concreto. O concreto no pensamento é a negação do abstrato. O concreto no pensamento não é a retomada do concreto inicial, mas o resultado da ascensão a um concreto novo, mais substancial.

O exemplo clássico da ascensão do abstrato ao concreto é o capital de Marx.[27] Porém, esse processo de ascensão, não serve somente para a economia política, mas também para o processo do conhecimento humano, constituindo-se

---

[27] O método da passagem do abstrato ao concreto será melhor esclarecido no item 3 do capítulo III.

na "lei universal do desenvolvimento do conhecimento humano"(KOPNIN, 1978, p. 163).

2.3. Educação: prática mediadora entre o sujeito e a natureza

A necessidade de socialização do conhecimento científico nos remete a pensar a educação e o trato pedagógico dado aos conteúdos de ensino no processo de apropriação de conhecimento.

Como vimos, além das características hereditárias e das experiências individuais, um dos principais aspectos que diferencia os homens e as mulheres dos animais é a sua capacidade de produzir atividades conscientes, responsáveis por grande parte dos conhecimentos e comportamentos produzidos no processo da história social. O conhecimento acumulado neste processo é transmitido no de aprendizagem, sendo a educação formal um espaço privilegiado de apropriação desses conhecimentos, pelo fato da escola proporcionar aos sujeitos um conhecimento sistemático sobre aspectos que são apresentados pela humanidade de forma espontânea nas suas vivências diretas, permitindo o acesso ao saber objetivo nas suas formas mais desenvolvidas.

Inicialmente, os atos educativos coincidiam com o próprio ato de viver. Progressivamente, foram se diferenciando até atingir um caráter institucionalizado, daí então a escola, que surge inicialmente como expressão secundária resultante dos processos educativos mais gerais, transformando-se lentamente na "forma principal e dominante da educação" (SAVIANI, 1991, p.12). No pensamento deste autor, a passagem da escola como forma dominante da educação coincide com o momento histórico em que as relações sociais prevalecem sobre as relações naturais, ou seja, o mundo da cultura produzido pelo sujeito prevalece sobre o mundo da natureza, consequentemente, o saber metódico, sistemático, científico e elaborado, passa a predominar sobre o saber espontâneo, "natural", assistemático, resultando daí que a especificidade da educação (transmitir o saber objetivo produzido historicamente) passa a ser determinado pela forma escolar.

Sendo assim, podemos afirmar, juntamente com Rays (2000), que a educação como processo de mediação sistematizado, resulta no que hoje denominamos educação escolar, essencialmente, caracterizada por seu caráter intencional. Neste sentido, as práticas de escolarização não se restringem a ações educativas meramente didático-pedagógicas, mas é também um momento da prática social. "A educação escolar é, a um só tempo, fenômeno social e fenômeno socializador intencional" (p.33).

Por estas razões, devemos buscar uma organização de trabalho pedagógico que consolide uma educação escolar, como defende Duarte (2001), comprometida com a transmissão de conhecimentos que tendo sido produzidos por seres humanos concretos em momentos históricos específicos, alcançam validade universal e, dessa forma, tornam-se mediadores indispensáveis na compreensão da realidade social e natural o mais objetivamente possível no estágio histórico no qual se encontra atualmente o gênero humano. Isso significa que os conhecimentos apreendidos no espaço escolar, quando compreendidos como elementos científicos, elaborados no processo de produção da vida, portanto, não como verdades que se formaram ao acaso, apresentam-se como imprescindíveis à formação de pessoas conscientes da construção histórica de seu mundo.

O educando chega à escola trazendo um mundo de conhecimentos pautados nos saberes empiristas de suas práticas cotidianas. Práticas estas socialmente organizadas por contradições historicamente determinadas como, entre outras, a venda da força de trabalho de homens e mulheres a outros que possuem o capital acumulado, criação de meios tecnológicos, decorrentes da necessidade da produção da mais valia, o que nos leva a concordar com Freitas (2000) de que "não é sem razão, portanto, que em nossa sociedade a teoria esteja frequentemente separada da prática" (p.98).

Como nos declara Escobar (1997), as relações sociais capitalistas realizam a ruptura entre teoria e prática, decisão e ação, trabalho intelectual e trabalho manual que de imediato são reproduzidas pela escola. Pela separação entre trabalho manual e trabalho intelectual, justifica-se, inclusive, a separação das pessoas em dois grupos. Aquelas que por terem acesso a uma escolaridade mais extensa desenvolvem as funções intelectuais e àquelas que consistem a maioria caberá o desenvolvimento de tarefas. Acompanha este grupo de pessoas, a justificativa de uma suposta incapacidade para apreender que dispensa maior instrução e experiência. A autora continua sua análise dizendo que o conhecimento oferecido pela escola – separado do mundo real, fragmentado e abordado em matérias isoladas – é reflexo dessa alienação que se solidifica por ser um conhecimento alheio às necessidades e individualidades do aluno, portanto, empecilho para ser associado ao conhecimento de si mesmo. Enquanto lógica de apropriação do mundo, o conhecimento não é um dado pronto, pois decorre da atividade prática do homem em seu processo de produção e reprodução da vida.

Porém, o conhecimento cotidiano pautado na filosofia vulgar do senso comum não é algo imutável, ele se supera, e o saber escolar, entendido na perspectiva de conteúdos científicos, contextualizados na organização do trabalho produtivo e consequentemente na organização do trabalho pedagógico, exercem papel essencial no processo de rompimento com a cultura empirista e mitológica da vida prática.

No processo de ensino, a ciência, tratada enquanto forma elaborada de pensar, não tem a pretensão de formar grandes filósofos, "mas fornecerá critérios de julgamento e de controle, bem como corrigirá as distorções do modo de pensar do senso comum" (GRAMSCI, 1987, p.177).

O sujeito torna-se racional no processo histórico-social e a educação escolar configura-se dentro deste universo como uma das possibilidades concretas para contribuir para a formação racional dos seres humanos. A educação escolar constitui-se em uma "luta contra os instintos ligados às funções biológicas elementares, uma luta contra a natureza, a fim de dominá-la e de criar o homem atual à sua época" (GRAMSCI, 1988, p.142).

Contudo, para atingir estes objetivos, não basta apenas a existência do saber sistematizado cientificamente, uma vez que podemos cair na sua simplicidade, tornando os conteúdos mecânicos e vazios de sentidos.

Escobar (1997), preocupada com o processo de aprendizagem consciente de conhecimentos pelo aluno, explica que não basta a assimilação do significado do objeto dado, é necessário, sim, que se produza uma relação adequada com respeito ao estudado, como também educá-lo nesta relação. "Só dessa maneira os conhecimentos adquiridos se converterão para ele em conhecimentos vivos, serão 'órgãos de sua individualidade" genuínos e, por sua vez, determinarão sua relação com o mundo" (p.55).

Daí, então, a necessidade de viabilizar as condições de sua apropriação por uma orientação pedagógica que tende a reunificar interesses subjetivos e dados objetivos (entre estes os objetivos realizados no interior do sistema produtivo e da organização do trabalho escolar), aspectos sensíveis e racionais. Enfim, uma educação que proporcione, por meio de uma relação dialeticamente estabelecida entre forma e conteúdo, a unidade entre teoria e prática, pois desenvolver a prática pedagógica nos seus aspectos de relação dialética entre forma e conteúdo ou nas palavras de Rays (1999) entre "ação pedagógica" e "saber escolar", torna-se imprescindível para a superação da dicotomia entre teoria e prática predominante na prática pedagógica.

Ainda fundamentados em Rays (1999), citamos duas concepções de processamento do saber presentes na escola, que, a nosso ver, demonstram a dualidade entre teoria e prática: o saber escolar uniforme e o saber escolar aberto, em que cada um deles prioriza ou o conteúdo ou a forma como determinante no processo educativo.

A concepção do *saber escolar uniforme* apresenta, exclusivamente como referência os conteúdos das disciplinas de estudo que compõem o currículo. Esses conteúdos são selecionados com base na cultura universal acumulada, restringindo-se à área de conhecimento das disciplinas e direcionados por uma orientação pedagógica intelectualista.

Privilegiando o status e o poder adquirido pelo conhecimento científico, não contemplam as experiências construídas pela prática social dos educandos. Para Rays (1999), saber escolar uniforme apresenta-se dominante no meio escolar, no qual a apreensão crítica e a produção do saber para compreender o mundo cotidiano-universal, as relações científicas e de poder, e as hierarquias sociais aí processadas são literalmente descartadas. Esse fato contribui para o cerceamento da participação do educando na construção do saber como na de seu destino sociocultural.

Já na concepção do saber escolar aberto, o saber científico veiculado nas disciplinas curriculares tem valor secundário. A ênfase é dada, com exclusividade, ao saber cotidiano e na experiência do educando. Porém, a experiência do educando não é desenvolvida historicamente, a criatividade é estimulada, porém desconectada da criticidade construtiva. "A criatividade não vai além da criatividade e não é provocada pela criticidade. A experiência do educando não supera a experiência do educando e o saber cotidiano não ultrapassa politicamente o saber cotidiano" (RAYS, 1999, p. 234).

A problemática da dicotomia pedagógica nos acompanha historicamente, evidenciando-se de maneira explícita no momento em que tivemos a classificação que se denominou Movimento da Pedagogia Tradicional e Movimento da Pedagogia Nova. Saviani (1997), numa análise crítica a esses movimentos, apresenta a pedagogia tradicional como sendo de caráter científico, estruturada no método expositivo, cuja matriz teórica pode ser identificada nos cinco passos formais de Herbart: passo da preparação, da apresentação, da comparação e assimilação, da generalização e, por último, da aplicação. Segundo o autor, esse método corresponde ao esquema do método científico indutivo tal como fora formulado por Bacon, que podemos esquematizar em três momentos: observação, generalização e confirmação.

A pedagogia nova, por sua vez, pressupõe o caráter pseudocientífico que buscou inverter determinadas bases da pedagogia tradicional: do intelecto para o sentimento, do aspecto lógico para o psicológico, dos conteúdos cognitivos para os métodos ou processos pedagógicos, do professor para o aluno, do esforço para o interesse, da disciplina para a espontaneidade, do diretivismo para o não diretivismo, da quantidade para a qualidade, da ciência da lógica para a pedagogia da inspiração experimental baseada principalmente nas contribuições da biologia e da psicologia[28].

No trato com a possibilidade de formar sujeitos capazes de superar as práticas sociais imediatistas de sua realidade cotidiana, acreditamos que tanto uma visão pedagógica de caráter lógico-instrumental como uma espontaneísta não alcançam uma grande dimensão da prática pedagógica, que consiste na apropriação das contradições presentes no saber cotidiano e no saber escolar (científico) e entre ambos.

Para isso, a necessidade de superar a alternativa que contempla ou a livre iniciativa do aluno ou a organicidade do saber, ou a simples interrelação entre elas que resultam, também, na simples continuidade entre o conhecimento cotidiano e o conhecimento científico.

Sobre esta questão, Saviani (1991) comenta que existe de um lado uma concepção, a dominante, que considera que a única cultura digna de ser dominante é a erudita, por fazerem parte deste contexto os intelectuais, os que tiveram acesso à cultura letrada. De outro lado, afirma-se que somente a cultura popular é legítima e autêntica.

Uma pedagogia que entende o saber como histórico, comprometida com a relação da teoria e da prática, da forma e do conteúdo, aponta para a superação dessa dicotomia, levantando a seguinte questão: "como a população pode ter acesso às formas do saber sistematizado de modo a expressar de forma elaborada os seus interesses, os interesses populares?" (SAVIANI, 1991, p. 94) A cultura popular, do ponto de vista pedagógico, é de extrema importância enquanto

---

[28] Para maior aprofundamento sobre o movimento da Pedagogia Tradicional e da Pedagogia Nova, consultar Saviani (1997). *Escola e Democracia*, Autores Associados. Campinas, SP.

ponto de partida, mas não é ela que vai definir o ponto de chegada do trabalho pedagógico. A escola não tem a função de reiterar a cultura popular, para isso o povo não precisa da escola. "o povo precisa da escola para ter acesso ao saber erudito, ao saber sistematizado e, em consequência, para expressar de forma elaborada os conteúdos da cultura popular que correspondem aos seus interesses" (ibid, p. 95), pois como afirma Escobar (1997, p. 48),

> As relações entre o popular e o erudito estão em íntima dependência das condições históricas de exercício da hegemonia das diferentes classes sociais, por isso a necessidade de se fazer a leitura das contradições entre ambos a partir das condições históricas dadas no entrave da correlação das forças que determinam as possibilidades da prática da cidadania.

Apoiamo-nos, então, num entendimento de educação escolar constituinte, também, do processo de humanização dos sujeitos, que possibilite um trabalho pedagógico voltado para o desenvolvimento da "individualidade *para si*", perspectivando formar indivíduos capazes de superar a imediaticidade de sua realidade cotidiana.

Para atingir este objetivo, faz-se necessário proporcionar ao educando "um conhece-te a ti mesmo como produto do processo histórico até hoje desenvolvido" (GRAMSCI, 1987, p.12), possível no processo educativo por meio da compreensão do movimento histórico, de rupturas que caracterizam o processo evolutivo do conhecimento científico.

Kopnin (1978) esclarece que pela prática do desenvolvimento da ciência sabe-se que as novas ideias que mudam radicalmente as velhas concepções não mudam sob dedução lógica e nem como generalizações simplificadas dos dados da experiência. "Elas são uma espécie de interrupção da continuidade, de salto no movimento do pensamento" (p.147).

A compreensão deste movimento vivo, dado pela historicização do conhecimento – especificamente na escola, os conteúdos – possibilita a compreensão do aspecto provisório dos fatos, dando condições para que os sujeitos envolvidos no processo de ensino percebam a sua natureza como histórica, contanto, como afirma Gramsci (1987), que se dê à história o sentido de "devenir".

Para efeito, podemos discernir sobre o conceito de liberdade em Gramsci que se apresenta como possibilidade. O autor expressa que possibilidade quer dizer liberdade, no entanto, esta somente pode realizar-se a partir das condições necessárias, isto é, a partir da realidade histórica que se apresenta. "A possibilidade não é a realidade, mas é ela também uma realidade" (GRAMSCI, 1987, p. 47). Termos possibilidades sem sermos conscientes, conhecedores e sujeitos da sua utilização não é suficiente para sermos livres. O que nos caracteriza como sujeitos livres é termos uma reflexão do real que não se constitui como pura aparência, mas como algo produzido e em produção, portanto, possibilidade de construir e reconstruir. O homem nesse sentido é vontade concreta, capaz de construir sua própria personalidade:

> 1) dando uma direção determinada e concreta ("racional") ao próprio impulso vital ou vontade; 2) identificando os meios que tornam esta vontade concreta e determinada e não arbitrária; 3) contribuindo para modificar o conjunto das condições concretas que realizam esta vontade, na medida de suas próprias forças e de maneira mais frutífera (Gramsci, 1987, p.47).

Uma educação que se pretende superadora deve ancorar-se no entendimento de liberdade como possibilidade, no sentido de considerar que o ser humano pode tornar-se sujeito de seus atos. Uma educação como possibilidade de ser mediadora da formação de sujeitos criadores, sujeitos vistos enquanto processo, precisamente processo de seus atos, que sob o entendimento de movimento dialético são capazes de transformar em liberdade o que hoje, sob o caráter estranhado, apresenta-se como necessidade.

Esta fundamentação possibilita nos apropriarmos de uma concepção de educação voltada para elevar intelectualmente seus educandos, lembrando que educandos condizem com os envolvidos no processo educativo, alunos e professores que, como declara Gramsci (1987, p.37), "a relação entre professor e aluno é uma relação ativa, de vinculações recíprocas, e que, portanto, todo professor é sempre aluno e todo aluno, professor". Ou nas palavras de Saviani (1985), educador e educandos são agentes e produtos da educação, isso porque a educação "é uma atividade que supõe a heterogeneidade (diferença) no ponto de partida e a homogeneidade (igualdade) no ponto de chegada" (p.14).

Nesta direção, o desenvolvimento pleno do ser humano depende da concretização de um processo de aprendizagem que garanta um sujeito ativo, relacionado com o seu mundo que mediado por seu objeto de estudo (conteúdo), reconstrói este mundo rumo aos interesses coletivos.

Vigotsky (1993) analisa a questão desenvolvimento e aprendizagem e diz que, na escola, ao interagir com o conhecimento legitimado historicamente e formalmente organizado, o sujeito se transforma, pois aprende a ler e escrever obtém o domínio de formas complexas de cálculos e trata com conceitos científicos hierarquicamente relacionados, ou seja, interage com atividades educativas complexas que desenvolvem abstrações e generalizações que possibilitam novas formas de pensamento e, consequentemente, novas relações de entendimento e atuação com o mundo.

Coerente com o método marxista da passagem do abstrato ao concreto, Vigotsky (1993) formula para a educação, por meio da dialética entre conceitos cotidianos (ou espontâneos) e conceitos científicos, a sua importância na formação de conceitos de um modo geral e dos científicos em particular.

Para Vigotsky (1993), os conceitos cotidianos referem-se àqueles conceitos que se formam no curso da atividade prática, construídos a partir da observação, manipulação e vivência direta do sujeito com o seu meio cultural. Já os conceitos científicos não são diretamente acessíveis à observação ou à ação. São os conhecimentos sistematizados e adquiridos nas interações escolares. Embora estritamente relacionados, os desenvolvimentos dos conceitos cotidianos e científicos seguem caminhos particulares. No seu curso de desenvolvimento, o conceito científico nas condições de um sistema organizado, desce em direção ao concreto, ao fenômeno, enquanto que o conceito cotidiano, fora de um sistema determinado, ascende até as generalizações. Contudo, ambos os conceitos, apresentam elementos fortes e débeis. A debilidade dos conceitos cotidianos apresenta-se na sua incapacidade para a abstração, conduzindo ao seu domínio incorreto. A debilidade dos conceitos científicos estabelece-se em seu verbalismo "em sua insuficiente saturação do concreto" (p.183).

Para o autor, cabe à educação escolar, a função de promover o desenvolvimento do educando, alcançando uma síntese que supere a debilidade de abstração do pensamento cotidiano, quanto ao caráter verbalista inicialmente apresentado pelos conceitos científicos. Esta síntese consiste quando o conceito cotidiano alcança um determinado nível possível de assimilação e tomada de consciência do conceito científico, ou como nos explica Vigotsky (1993), o conceito cotidiano, que percorreu um longo caminho de desenvolvimento de baixo para cima, desobstaculizou a trajetória para posterior brotar para baixo do conceito científico, já que criou uma série de estruturas necessárias para que surjam as propriedades inferiores e elementares dos conceitos. Exatamente igual, o conceito científico, depois de haver percorrido de cima para baixo certo fragmento de seu caminho, abriu com ele a senda para o desenvolvimento dos conceitos cotidianos, preparando de antemão uma série de formações estruturais necessárias para dominar as propriedades superiores do conceito.

Esta relação entre conceitos cotidianos e conceitos científicos, pela educação escolar, leva ao conceito de zona de desenvolvimento proximal, já referenciado no item 2.1 do segundo capítulo e que é de extrema importância para o desenvolvimento de uma educação comprometida com a superação da prática social empírica, assim como também com a elaboração de estratégias pedagógicas que auxiliem nesse processo.

Entendemos, juntamente com Vigotsky, que o fundamental na aprendizagem é o fato de que o aluno aprenda o novo. Por isso, a zona de desenvolvimento proximal que determina esse campo das transições acessíveis, é que representa o momento determinante no processo de aprendizagem, pois como afirma Vigotsky (2001) "Só é boa aquela aprendizagem que passa à frente do desenvolvimento e o conduz" (p.331).

Mais claramente:

> O desenvolvimento dos conceitos espontâneos começa na esfera do concreto e do empírico e se move na

direção das propriedades superiores dos conceitos: o caráter consciente e a voluntariedade. A relação entre o desenvolvimento destas duas linhas opostas descobre sem dúvida alguma sua verdadeira natureza: a conexão entre a zona de desenvolvimento próximo e o nível atual de desenvolvimento (...). Essas relações seriam impossíveis se os conceitos científicos repetissem simplesmente a história do desenvolvimento dos conceitos espontâneos (ibid, p. 254).

A EF, área de conhecimento que trata da cultura corporal, visto que "a materialidade corpórea foi historicamente construída e, portanto, existe uma cultura corporal, resultado de conhecimentos socialmente produzidos e historicamente acumulados pela humanidade que necessitam ser retraçados e transmitidos para os alunos na escola" (COLETIVO DE AUTORES, 1992, p.39), no trato com o conteúdo esporte, a reflexão dos conceitos cotidianos e científicos elaborados por Vigotsky, faz-se importante no sentido de trazer à tona o compromisso de chegar à origem do conhecimento esporte, descobrir o caminho das suas transformações não só conceituais (jogo, esporte, desporto etc.) como também, as suas mudanças valorativas e ideológicas.

Pelo entendimento de esporte que o aluno traz da sua cotidianidade, impregnado pelo caráter fetichista dos códigos e significados da sociedade moderna, confrontado com o entendimento de esporte enquanto cultura corporal elaborada se possibilita expressar de maneira elaborada (científica) o entendimento de esporte inicialmente dado. Ou seja, o entendimento concreto (teórico/prático) de esporte por parte do aluno, deve ser levado às abstrações, elevando-se enquanto o professor, com seu entendimento elaborado, também teórico/prático, ascende para o conceito concreto, superando o que o aluno sabe hoje, capacitando-o a entender, realizar outra prática esportiva. Mas, para isso, lembramos da necessidade, já salientada neste estudo, do professor estar teoricamente/conscientemente preparado para este desafio, pois

> Autoconsciência crítica significa, histórica e politicamente, criação de uma elite de intelectuais: uma massa humana não se "distingue" e não se torna independente "por si", sem organizar-se (em sentido lato); e não existem organizadores e dirigentes, sem que o aspecto teórico da ligação teoria-prática se distinga concretamente em um estrato de pessoas 'especializadas' na elaboração conceitual e filosófica (GRAMSCI, 1988, p.21).

2.4. Didática: o fazer na escola

Faz-se relevante, na apresentação de uma possibilidade epistemológica que visa o desenvolvimento de uma didática superadora para o trato com o conteúdo esporte, que reflitamos sobre algumas questões que se apresentam intrinsecamente relacionadas com a didática.

Fundamentados em Freitas (2000), podemos dizer que ao expressar a sua Teoria Educacional, o educador expressa também, entre outros aspectos, o seu projeto histórico, que tipo de pessoa quer formar, os fins da educação e a relação entre educação e sociedade em seu desenvolvimento. Já uma Teoria Pedagógica trata do "trabalho pedagógico"[29], incluindo, portanto, a própria didática. Nesta direção, con-

---

[29] O autor entende trabalho pedagógico em dois níveis: a) como trabalho pedagógico que, no presente momento histórico, costuma desenvolver-se predominantemente em sala de aula; b) Como organização global do trabalho pedagógico da escola, como projeto político pedagógico da escola.

cordamos com Wachowicz (1989) de que no contexto geral da pedagogia a didática trata do ensino enquanto apropriação do saber, enquanto "ação-trabalho", que se desenvolve em uma determinada realidade, a sala de aula. No entanto, a didática ao ser posta pelo método dialético não entende o confronto estabelecido na sala de aula como algo que se desenvolve entre alguém que sabe (professor) e alguém que não sabe (aluno), mas entre estes e o saber (conteúdo), na busca de sua apropriação. Temos, então, todo um processo de abstração e de concretização a ser desenvolvido por meio da didática, já que a dialética pressupõe a apropriação, no plano do pensamento, do real-concreto.

Para o real desenvolvimento deste processo, entendemos que a pedagogia, especificamente pela didática, deve apresentar-se preparada para enfrentar os reflexos das propriedades e relações reais do conhecimento e da sociedade.

Freitas (2000) formula questões relevantes que devem ser consideradas no processo didático.

Para o autor, a reflexão sobre a didática não deve ser desenvolvida sem a sua contextualização dentro da organização do trabalho pedagógico da escola, relacionada com o trabalho material produtivo. "Não é apenas a didática que deve estar sob análise, mas sim a escola, sua organização e seus métodos, já que todos esses níveis são históricos e, portanto, mudam sob o impulso do fluxo da mesma história" (p.58).

Para o entendimento da didática, Freitas (2000) chama a atenção para a importância das categorias de conteúdo, método, objetivos e avaliação. Porém, estas devem estar aplicadas "à compreensão do aparato escolar como um todo" (p. 59), já que a escola também apresenta conteúdos, método e objetivos, modulados pela função social que exerce na sociedade capitalista.

Entre as categorias que podem dar conta da atual forma de organização do trabalho pedagógico da escola, o autor cita o conhecimento e o método da escola, abrangendo aí o trato fragmentado dado ao conhecimento, à artificialidade do processo de ensino desvinculado da produção material e à gestão da escola, essencialmente autoritária. Isso quer dizer que os conteúdos/métodos da didática não são exclusivamente determinados pela disciplina ou pelo professor. Eles interagem com a função que a sociedade especifica para a escola, mediada pela organização do trabalho pedagógico.

Para Freitas (2000), a organização da didática, como método do pensamento e a forma de organização escolar, não seria realizada de maneira apenas lógica, mas com base na prática da escola, no sentido de encontrar as contradições reais em seus respectivos níveis e, também, em cada momento histórico, visualizar formas de luta e/ou superação das mesmas em cada realidade específica. Daí sua característica de permanente construção baseada na dinâmica das relações sociais e seus conflitos.

Concordamos com o autor em todos os aspectos apresentados. Embora este estudo priorize, no âmbito geral da prática pedagógica, o trato com o conhecimento – decisão puramente metodológica –, não desconsideramos, em momento algum, a relação estabelecida entre a possibilidade epistemológica que apresentamos e a organização do trabalho pedagógico da escola/trabalho produtivo, até mesmo porque já esclarecemos que no trato com o conhecimento, especificamente neste trabalho, o trato com o esporte, a lógica de apropriação deste, no plano do pensamento, deve representar o movimento dos fenômenos da realidade objetiva. Portanto, com a possibilidade de inversão da lógica formal/tradicional de apropriação de conhecimento hegemônica no processo de ensino, acreditamos também possibilitar a descoberta dos meios necessários para pôr fim aos males também descobertos. Como diz Engels apud Freitas (2000), "esses meios não sairão da cabeça de alguém, mas sim é a cabeça que tem que descobri-los nos fatos materiais da produção, tal qual nos oferece a realidade" (p. 61-62).

Diante do contexto atual, torna-se importante que o âmbito pedagógico mantenha-se sempre em alerta crítico, no sentido de perceber os aspectos sociais em que se encontra, atrelado às mudanças históricas para não cair nas mazelas ideológicas que a sociedade moderna oferece.

O sistema capitalista, com o fim de superar este momento de crise e manter-se inquestionável, está construindo com bases teóricas (sociológicas, filosóficas e científicas) a ideia de que estamos vivendo uma nova sociedade com outra ordem e base, na qual cabe aos homens e mulheres, em situações particulares, construir alternativas de sobrevivência. Com esta prática social, torna-se possível, com mais facilidade, ocultar as diretas implicações que a base econômica capitalista está realizando neste momento histórico.

Freitas (2000) nos chama a atenção para o fato de que enquanto discutimos a "era da incerteza", o capital exerce a certeza por meio dos planos estratégicos das grandes multinacionais e por meio da economia de horas de trabalho com a introdução de novas tecnologias. A contemporaneidade, para Freitas (2000), não significa a chegada de progresso social, e sim o capitalismo cumprindo sua função histórica de revolucionar as forças produtivas. "Nada há de novo na 'contemporaneidade' ou na 'pós-modernidade', exceto a forma de exploração e suas consequências culturais. A essência é a mesma" (p.124)

Concordamos com Assmann (1996), no sentido de que os simplismos, apresentados pela condição pós-moderna, não são só inoperantes; são, no fundo, humanamente cruéis porque trabalham com pressupostos antropológicos (o ser humano sempre disposto a entregas generosas), o que simplesmente não existe na prática, o que leva o autor a concluir que tal pensamento, não passa de uma projeção do imaginário messiânico-salvacionista daqueles que continuam apegados a uma concepção idealista e equivocada acerca da morfogênese do conhecimento, da consciência e do sujeito histórico. E sobre a mesma questão: "A solidariedade requer conversões penosas, sofridas, generosas. Não é realista supô-la como um dado natural (p.08)".

Diante disso, acreditamos que as mediações exigidas no contexto pedagógico de que a escola deverá dar conta são bastante complexas. Elas devem incluir a realidade dominada pela barbárie do imperialismo que faz com que a humanidade viva tempos marcados pela guerra; devem incluir, sobretudo, a nova base tecnológica para a produção, resultante de uma nova forma de organização do processo produtivo (FREITAS, 2000); devem incluir também a profunda ofensiva da "nova direita" que objetiva desmobilizar várias esferas, entre elas "quebrar a resistência dos trabalhadores no seio da produção e introduzir um novo padrão de exploração; desmobilizando o debate político e ideológico no plano das ideias – em especial no seio da intelectualidade" (FREITAS, 2000, p.117) e devem estar atentos aos sistemas dinâmicos para o que Assmann (1996) nos chama a atenção enquanto eixos problemáticos que constituem o processo pedagógico, criando um contexto aparentemente novo. Para o autor, no primeiro eixo está integrado tudo aquilo que há de novidades científicas em que se processa o conhecimento: as novas visões que surgem das biociências, das ciências cognitivas (em especial dos estudos sobre o cérebro/mente) e a estreita relação entre processos vitais e processos cognitivos. Já o segundo eixo está formado pelos novos espaços organizativos, possibilitados pelos recursos científicos-tecnológicos etiquetados como inteligência artificial, vida artificial e cibernética de primeira, segunda e terceira ordem. O autor lembra que não se trata apenas da questão: "a escola tem que estar conectada" (computadores, vídeos, TV, internet). A questão é mais radical na medida em que se consegue criar artificialmente processos de aprendizagem e de 'vida' em artefatos tecnológicos.

Portanto, é neste momento histórico em que somos marcados pela contradição que percebemos a importância do resgate da produção marxista, no sentido de explorar o seu caráter científico, a fim de usá-lo como ferramenta para compreender os aspectos contraditórios que se apresentam na realidade e transformá-la na direção de interesses coletivos.

Como afirma Moraes (1994), a ontologia do materialismo histórico e dialético recusa como possibilidade gnosiológica tanto o conhecimento pontual (factual), conhecimento de singularidades que em si e por si carregariam sentido, quanto o lógico-dedutivo "puro", idealista e abstrato das grandes sínteses. Antes, afirma que esses processos são vazios, pois ou aglomeram fatos isolados e independentes, ou tratam abstratamente o ser, não alcançando as suas especificidades e determinações.

Capítulo III

> O saber é sempre o saber [...]
> Marx defendeu uma tese
> de filosofia na Universidade de Berlin;
> Lenin prestou exame de direito
> na Universidade de São Petersburgo;
> Trotsk em Odessa;
> Mao era bibliotecário-assistente
> na Universidade de Pequim;
> Fidel Castro é doutor em direito.

> Robert Merle citado por Snyders (1993) quando este diz que
> "a maioria das revoluções começou se apropriando – e
> até o fim – do saber constituído; e assim conseguiram
> superá-lo e mesmo transformá-lo."

3. Ponto de Chegada

3.1. *Esporte escolar: uma possibilidade epistemológica para o seu processo de ensino*

Baseados, então, no pressuposto científico do materialismo histórico que direciona o método dialético, apresentamos uma possibilidade epistemológica que visa o desenvolvimento de uma didática superadora para o ensino do esporte na escola, comprometendo-nos pedagogicamente em oferecer possibilidades aos nossos alunos e alunas de apropriarem-se do conhecimento do esporte de maneira a superarem a imediaticidade de sua realidade cotidiana.

Acreditamos que o método do materialismo histórico e dialético oferece a maior possibilidade objetiva de aproximação à verdade, pois considera o caráter provisório e histórico dos fatos, reconhecendo as determinações materiais presentes no processo de produção de conhecimento.

Desconsideramos, portanto, no desenvolvimento de nosso estudo, qualquer possibilidade de descomprometimento com a crítica às condições históricas e sociais. Assim, a proposta que será apresentada traz a preocupação de, pelo conhecimento científico, diferenciar o que aparece enquanto essência ou aparência na realidade. E toda a ciência seria supérflua, se a forma de manifestação e a essência das coisas coincidissem imediatamente (Marx, 1982).

Com base nesta colocação, podemos dizer que, embora duas realidades apresentem a mesma manifestação externa, tanto a sua origem como a sua essência diferem profundamente. Se essência e aparência coincidissem, as experiências e as observações cotidianas seriam suficientes e substituiriam a análise científica. Entretanto, não estamos querendo dizer que devemos ignorar o aparente das coisas e sim, subordiná-lo à real descoberta da essência.

Neste sentido, Marx, em algumas de suas obras[30], lembra que juntamente com a produção capitalista há a produção fetichizada e invertida das relações sociais que se fossilizam em uma aparência, ocultando as categorias econômicas e a essência profunda da atividade social e histórica

---

[30] *Ideologia Alemã, Introdução à Crítica à Economia Política* e o *Capital*.

dos homens e mulheres. Para LÖWY (1994), o marxismo foi o primeiro a colocar o problema do condicionamento histórico e social do pensamento e a (desmascarar) as ideologias de classe por detrás do discurso pretensamente neutro e objetivo dos economistas e outros cientistas sociais.

Com o compromisso de desvendar o processo histórico e social e para obter uma relação consciente com a produção humana, existe a necessidade da elaboração de um sistema de concepção do mundo que atinja o conhecimento das propriedades e das conexões universais da realidade. Este conhecimento se expressa nas leis e categorias da dialética materialista, indispensáveis para a orientação do sujeito, na resolução de práticas que surgem no processo de desenvolvimento social.

As leis e categorias da dialética foram discutidas no item 2.2 do capítulo II, em que apresentamos as categorias da totalidade, contradição, lógico, histórico, abstrato e concreto como indispensáveis tanto no método de análise como no método de ensino que propomos enquanto possibilidade superadora da realidade esportiva existente.

Por meio do pensamento de Marx, nos é permitido extrair uma proposta para a produção de conhecimento. Para tal, Marx deixou-nos como referência científica o método que **leva do abstrato ao concreto**, passagem famosa encontrada no terceiro item da obra *Introdução à crítica da economia política*, que não condiz com um conjunto a priori de regras preestabelecidas, a que o processo da apreensão do conhecimento deve se adequar. E sim,

> Deve percorrer as formas de expressão, das mais elementares às mais complexas, a fim de revelar as objetividades que põem a cada passo o discurso inscrito na práxis capitalista. Por isso, é fundamentalmente um modo de

expressão, por isso não cria propriamente nada independente da contínua reiteração dos processos sociais (GIANNOTTI, 1975, p. 90).

O materialismo histórico e dialético formou-se em oposição à tese idealista de que o pensamento é a gênese do real. Por sua vez, também considera que o real não é a gênese do pensamento, como definia o materialismo clássico.

O processo científico do pensamento, sob a lógica da dialética, começa na busca das determinações do real. Esta busca inicia pela observação direta (representação do real), resultante da abstração que tem a função de reproduzir o concreto, não na sua realidade imediata, e sim na sua totalidade real. Ou seja: pensamento parte de um todo constituído de relações gerais e determinações simples e parte para o concreto, constituído de relações múltiplas e determinações concretas.

> Concreto é concreto porque é a síntese de múltiplas determinações, isto é, unidade do diverso. Por isso o concreto aparece no pensamento como um processo da síntese, como o resultado, não como ponto de partida, ainda que seja o ponto de partida efetivo e, portanto, o ponto de partida também da intuição e da representação (MARX, 1982, p.14).

Vejamos como Marx (1982) apresenta o referido método:

Quando tomamos, enquanto ponto de partida, um fenômeno na sua totalidade ou as partes de que é composto, seu conhecimento imediatamente dado nos conduz somente a impressões sobre ele. Este primeiro momento consiste na representação do empírico (movimento do concreto-empírico ao abstrato), que, para Marx, é um ato inicialmente cognitivo, porém confuso e caótico. Este momento não é em si o conhecimento, mas o início do conhecimento. Hegel apud Freitas (2000) já afirmava:

> À medida que se tem consciência das especificações do conhecimento, da intuição, do desejo, da vontade etc., designam-se elas representações em geral: e pode geralmente dizer-se que a filosofia, no lugar das representações, põe pensamentos, categorias e, mais precisamente, conceitos. As representações em geral podem considerar-se como metáforas dos pensamentos e conceitos. Mas pelo fato de se terem representações, nem por isso se conhece o seu significado para o pensar, isto é, não se conhecem ainda os seus pensamentos e conceitos"(...) "mas, ao menos, a reflexão faz isto em todos os casos: transformar os sentimentos, as representações etc. em pensamentos (p. 76).

Com um pouco mais de precisão, a partir de determinações abstratas, que analiticamente nos permitem formular conceitos simples, chegamos a noções gerais significativas, porém, ainda, de caráter abstrato e, com efeito, cada vez mais afastadas do ponto de partida. Até então, para Marx, não é realizado propriamente ciência, mas apenas um processo de classificação e organização. O verdadeiro momento científico é o caminho de volta, das abstrações ao ponto de partida (movimento do abstrato ao concreto-pensado). O ponto de partida passa, então, a não ser mais visto em sua imediaticidade, mas de forma concreta, com suas determinações e relações. No caminho de volta, cada uma das abstrações vai perdendo seu caráter abstrato e ganhando complexidade e concretude. Portanto, "o concreto é concreto porque é síntese de múltiplas determinações, isto é, unidade do diverso" (MARX, 1982, p.14). E, ainda, segundo Kopnin (1978), "mas esse concreto, ao contrário do que apareceu no estágio inicial do conhecimento, não é uma representação visual, sensível e caótica do todo; ele reflete a natureza interna das formações naturais" (p. 155-156).

Como podemos observar, destaca-se neste método a distinção entre o empírico, o abstrato e o concreto. Esta distinção aparece na obra *Educação: do senso comum a consciência filosófica* de Saviani (1985). Para o referido autor, na lógica dialética o concreto não se confunde com o empírico, pois este ao mesmo tempo em que revela o concreto, também oculta-o. O concreto, então, é ao mesmo tempo o ponto de partida e o de chegada. Podemos dizer, que o concreto ponto de partida é o real e o de chegada é o concreto pensado. Dessa forma, o empírico (concreto real imediatamente dado) e a mediação do abstrato (mediação da análise) são momentos do processo de conhecimento, isto é, do processo de apropriação do concreto no pensamento. O concreto, portanto, não é o dado (o empírico), mas uma totalidade articulada que se dá e se revela na e pela práxis.

Freitas (2000) nos chama a atenção para o fato de que a construção da totalidade concreta não deve ser interpretada no sentido de um "vir a ser", a posteriori. A reconstrução da totalidade como concreto-pensado é um processo permanente, com continuidades e rupturas, embora baseado em determinações abstratas iniciais. Para Freitas (2002), o processo dialético apresenta duplo objetivo: 1) Trabalha as determinações abstratas e as relaciona mutuamente entre si, de maneira que os opostos definem-se mutuamente; 2) Constitui, com os opostos, uma nova totalidade (com múltiplas determinações) que os compreende e explica. A totalidade concreta não apresenta todos os elementos específicos (singular) de um particular (objeto). Ela é totalidade, como essência, exatamente porque deixou de lado aspectos específicos. Mas o essencial (universal) está presente em cada momento do particular, na síntese entre o universal e o singular.

Acreditamos, portanto, num método de ensino que se apresente coerente com os princípios norteadores da dialética materialista, propondo-nos como Saviani (1997, p. 83), não confundir ensino com pesquisa científica e sim como fundamenta o próprio autor:

> (...) o movimento que vai da síncrese ("a visão caótica do todo") à síntese ("uma rica totalidade de determinações e de relações numerosas") pela mediação da análise ("as abstrações e determinações mais simples") constitui uma orientação segura tanto para o processo de descoberta de novos conhecimentos (o método científico) como para o processo de transmissão-assimilação de conhecimentos (o método de ensino).

Sob essa direção epistemológica nos sustentamos a fim de possibilitar perspectivas de superação para o ensino do esporte escolar, comprometendo-nos pedagogicamente em oferecer possibilidades aos nossos alunos e alunas de apropriarem-se do conhecimento do esporte de maneira a garantir a sua prática a todos. Acreditamos ser possível que ao apropriar-se de um conteúdo de ensino – esporte – os sujeitos envolvidos – alunos e professores – ao mesmo tempo em que acrescentam novos dados à cultura corporal têm a possibilidade de refletir sobre a sua prática social, pois o esporte objetivado e apropriado no processo de constituição da existência humana, representa, com suas especificidades, uma síntese cultural, que implica, a reunião de vários séculos de ideias científicas, éticas e valorativas. Para tanto, torna-se necessário teorizar a prática pedagógica da EF de maneira a dialetizar os conhecimentos das ciências que constituem a prática do esporte (ciências do esporte).

Acreditamos que entender o esporte enquanto um fato singular significa iluminar o que lhe é específico ampliando de maneira inteligível, aquilo que se apresenta imediatamente, dado a um infinito processo de totalidade.

Concordamos com Moraes (1994) quando esta diz que a perspectiva do materialismo histórico e dialético pretende-se também rigorosa, pois se configura como uma oscilação permanente entre as partes e o todo, entre o abstrato e o concreto, entre o singular e o universal. São precisamente essas relações que o campo da particularidade permite explicitar em toda sua amplitude, na medida em que é a expressão lógica das categorias de mediações entre um pólo e outro.

Sob esta lógica de entendimento, é que, a partir deste momento, vamos tratar dos meios[31] pelos quais podemos possibilitar a apropriação do saber, segundo a pedagogia da dialética materialista, que por meio das categorias já analisa-

---

[31] Esta proposta para o trato com o conteúdo esporte na escola foi desenvolvida, sob minha orientação, no Projeto Criança Cidadã/CEFD/UFSM. Este projeto foi desenvolvido por acadêmicos de EF e outras áreas de conhecimento – Pedagogia, Agronomia, Educação Artística, Odontologia e Medicina – e no que consiste à EF, apresentou, enquanto objetivo principal, proporcionar a crianças e adolescentes de estratos socioeconômicos menos favorecidos do município de Santa Maria o acesso a experiências diversificadas do esporte no sentido de elevar cientificamente camadas populares, aspirando a passagem de uma filosofia vulgar a uma filosofia da práxis, constituída pela dialética intelectual-massa (Gramsci, 1987). Não é intenção deste estudo explicitar sobre o trabalho desenvolvido no referido projeto, nem discorrermos sobre os momentos exitosos que a metodologia de ensino sob a direção da dialética materialista proporcionou a este projeto. Apenas queremos salientar que nossa preocupação com uma prática pedagógica transformadora desenvolveu-se no espaço concreto de ensino.

das e que se fazem presentes no conteúdo a seguir apresentado, possibilita a apreensão dos processos contraditórios da realidade histórica, possibilitando a superação da realidade cotidiana.

Usamos como referência principal a obra *Escola e Democracia*, de Dermeval Saviani, publicada pela primeira vez em 1983. Nesta obra, o autor traz para o âmbito da educação, o método da economia política tal como preconizou Marx. Embora optemos, neste momento, pela apresentação de um exemplo de aula, não queremos cair no que Bracht (1999) diz que é comum acontecer enquanto expectativa: O entendimento de que a teoria deve ter como tarefa oferecer um conjunto de prescrições, as chamadas receitas, pois concordamos com o alerta realizado por Saviani na apresentação do livro de Wachowics (1989, p.07):

> Há os que imaginam que a uma concepção dialética de educação corresponde uma pedagogia dialética e, por consequência, uma didática dialética. Assim pensando, esperam por uma nova didática construída em seu todo, com regras claras e acabadas, prontas para ser aplicadas pelo professor em suas salas de aula. Nessa expectativa não se dão conta de que é precisamente a concepção dialética que desautoriza tal entendimento.

Este método, proposto para a sala de aula, apresenta, enquanto ponto de partida e ponto de chegada no processo de ensino, a prática social. É também um método do abstrato ao concreto, porque o ponto de partida (no caso específico da educação, o conteúdo), no qual inicia a análise (processo de ensino) é constituído de determinações encontradas na representação do real. O pensamento do aluno inicia sobre um todo constituído de relações gerais e determinações simples, percorrem com a atividade de seu pensamento o processo de ensino, que juntamente com o professor completa a aprendizagem ao elaborar o concreto pensado. O concreto pensado (ainda o conteúdo) constitui-se de relações múltiplas e determinações complexas.

Devemos considerar, segundo Saviani (1997), que em lugar dos cinco passos propostos, podemos falar de momentos articulados num mesmo movimento, pois o peso e a duração de cada momento varia de acordo com a situação específica e que não existe uma ordem cronológica dos momentos, podendo estes acontecer ao mesmo tempo, já que são diretamente dependentes uns dos outros.

Para a elaboração da proposta a seguir apresentada usamos como exemplo o desenvolvimento de um plano de aula do esporte individual ginástica[32] e para a sua fundamentação teórica básica, os textos: "Ginástica" do livro *Metodologia do Ensino de Educação Física* (1992), de um Coletivo de Autores e o texto "Repensando a Genealogia da Ginástica" (1992) de autoria da profª Ana Márcia Silva. A referida aula objetiva, pelo conteúdo ginástica olímpica, proporcionar a apropriação do fundamento saltar de maneira a desenvolver o entendimento de historicidade presente nas objetivações culturais das práticas corporais.

1º Passo – A prática social:

Para Saviani (1997), no 1º passo, a prática social significa o ponto de partida, o que é comum ao professor e aos

---

[32] A escolha do conteúdo ginástica deve-se ao fato da minha atuação como professora adjunta da disciplina de ginástica no CEFD/UFSM, em que o desenvolvimento das aulas segue a metodologia proposta.

alunos, neste caso, o conteúdo. Porém, devemos considerar que ambos encontram-se em diferentes níveis de compreensão. O professor tem a compreensão denominada de síntese precária. É sintética porque implica uma articulação dos conhecimentos e experiências que detém daquela prática social. Porém, tal síntese, torna-se precária uma vez que a sua própria prática pedagógica exige uma antecipação do que lhe será possível desenvolver com os alunos, mas, cujo nível de compreensão ele não pode conhecer no ponto de partida senão de maneira precária.

Já a visão do aluno é sincrética porque "por mais conhecimentos e experiências que detenha, sua própria condição de aluno implica uma impossibilidade, no ponto de partida, de articulação da experiência pedagógica na prática social de que participa" (SAVIANI, 1997, p.80).

Para Gasparin (2005), a visão dos alunos é sincrética porque apesar dos conhecimentos que possuem sobre o assunto a partir do cotidiano, ainda não conseguem, no ponto de partida, realizar a relação da experiência pedagógica com a prática social mais ampla de que participam.

Neste caso, o fundamento do saltar, na ginástica olímpica, constitui o ponto de partida, ou seja, o que é comum ao professor e aos alunos e alunas. O professor, com seu conhecimento sintético, apresenta a percepção da totalidade no que condiz ao entendimento de que o saltar, articulado com outros fundamentos como equilibrar, trepar, embalar/balançar e rolar/girar constituem a cultura corporal da ginástica. Seu conhecimento sintético permite também entender o saltar com o significado de desprender-se da ação da gravidade, manter-se no ar e cair sem machucar-se. No entanto, o nível de compreensão dos alunos e das alunas referente ao conhecimento saltar ele não pode conhecer neste momento, o que torna a sua síntese precária. Já os alunos e as alunas apresentam uma visão sincrética porque por mais experiências que já tenham realizado com a prática do saltar, seu entendimento encontra-se no nível do senso comum que, para Gasparin (2005), constitui-se em uma percepção confusa, em que tudo, de certa forma, aparece natural. "Todavia, essa prática do educando é sempre uma totalidade que representa sua visão de mundo, sua concepção da realidade, ainda que muitas vezes naturalizada" (p.18).

O professor, então, no primeiro momento da aula, pedirá à turma que a partir de suas experiências corporais acumuladas no dia a dia ou por meio das experiências já vivenciadas em outras aulas de EF, experimente livremente variações do saltar com ou sem aparelhos oficiais ou alternativos que se apresentam disponíveis.

2º Passo – Problematização:

Significa levantar problemas a partir do conhecimento que será necessário dominar e detectar questões que precisam ser resolvidas no âmbito da prática social. Para Gasparin (2005), a problematização é um elemento chave na transição entre a teoria e a prática, ou seja, entre o fazer cotidiano e a cultura elaborada. Constitui-se no momento em que a prática social é colocada em questão, analisada e interrogada ou, nas próprias palavras do autor, "este é o momento em que são apresentadas e discutidas as razões pelas quais os alunos devem aprender o conteúdo proposto, não por si mesmos, mas em função de necessidades sociais" (p.43). Os problemas levantados e as respostas apreendidas coincidem com determinações mais simples, que, para Marx (1982), neste processo, são estabelecidas noções válidas, mas ainda abstratas.

A partir do conhecimento do saltar vivenciados/demonstrados pelos alunos e pelas alunas em aula, é o momento de confrontar esse conhecimento popular com o saber científico da escola. Com o objetivo de que pela apropriação do saltar os alunos desenvolvam o entendimento de historicidade e sua importância no processo do vir a ser humano. O professor levantará questões que precisam ser resolvidas no âmbito da prática social do saltar para que os alunos e as alunas consigam atingir o objetivo estabelecido.

A propósito de exemplo:

— Vocês conseguiram perceber os diferentes momentos do saltar? Perda do contato com o solo? Fase de permanência no ar (voo) e a queda?

— Vocês acreditam que os saltos variam de acordo com o tipo de impulsão? Quando se salta realizando a impulsão com os dois pés, que tipo de salto resulta? Quando se salta realizando a impulsão com um pé, que tipo de salto resulta?

— E os saltos sobre os aparelhos ou sobre os desafios que apresentam o contexto da escola (pátio, ginásio...) causam sensações de prazer ou de medo?

— Vocês acham que o saltar que foi realizado aqui na aula ou que vocês realizam nas práticas diárias, apresentam o mesmo significado do saltar realizado na ginástica olímpica desportiva a que vocês assistem na televisão? O que muda? Por que se deu esse processo de mudança?

3º Passo – Instrumentalização:

Trata-se de apropriar-se dos instrumentos (conteúdos), socialmente produzidos e culturalmente preservados.

A partir das questões levantadas na problematização, o processo ensino-aprendizagem direciona-se no sentido de confrontar os alunos com o objeto do conhecimento, no caso, o conteúdo apresentado na prática social (1º passo).

Esta caminhada, segundo Gasparin (2005), não é linear, e sim compara-se com um espiral ascendente em que são retomados aspectos do conhecimento anterior que se juntam ao novo e assim continuamente. "Dessa forma, o conhecimento constrói-se por aproximações sucessivas: a cada nova abordagem, são apreendidas novas dimensões do conteúdo" (p.52).

A lógica desenvolvida neste momento de ensino perpassa, segundo Gasparin (2005) pela contradição cognoscitiva entre a subjetividade dos alunos e a objetividade do conteúdo apreendido. Neste processo do conhecimento científico, não ocorre a destruição do conhecimento anterior, já que o conhecimento apreendido, mais elaborado e crítico, é sempre construído a partir do que já existe. "Este é o processo de continuidade e ruptura na construção do conhecimento" (GASPARIN, 2005, p.55).

No exemplo dado do saltar na ginástica olímpica, a partir do diálogo estabelecido no momento da problematização, torna-se necessário instrumentalizar os alunos e as alunas de maneira que estes se apropriem da prática do saltar como ferramenta cultural, capaz de servir como mediação para uma leitura mais apurada da realidade.

A instrumentalização, para efeitos didáticos, será dividida em partes:

1ª parte – O professor pedirá que os alunos e as alunas, em pequenos grupos, experienciem diferentes saltos, em que pela observação do movimento do companheiro e pelo seu próprio movimento, tenham a oportunidade de perceber/sentir a combinação de movimentos executados pelo corpo, que constituem as diferentes expressões do saltar, como por exemplo:

a) *Salto grupado:* saltar realizando a impulsão sobre os dois pés e flexionando os membros inferiores unidos simultaneamente, aproximando os joelhos do tronco. A queda será sobre os dois pés. Os membros superiores aproximam-se dos joelhos.

b) *Saltos em extensão:* saltar realizando a impulsão sobre um pé, para cima e para frente, com um grande afastamento ântero-posterior dos membros inferiores (o membro inferior de impulsão fica atrás). A queda será sobre o pé contrário ao da impulsão. Os membros superiores sempre favorecem a elevação do corpo no momento do salto. Este salto pode ser executado para o lado, onde os membros inferiores realizam amplitude lateral. Uma variação pode ser o salto em extensão com um membro inferior flexionado à frente, o pé toca o joelho.

c) *Tesoura:* saltar realizando a impulsão sobre um pé enquanto o membro inferior livre é impulsionado para o alto, seguido imediatamente pelo outro (de apoio), da mesma forma ocorrendo uma troca na fase aérea e queda sobre sobre o pé contrário ao de impulso. Os membros superiores acompanham o movimento de elevação do corpo. Pode-se realizar o salto tesoura em reversão.

d) *Salto spagat:* saltar realizando a impulsão sobre um ou dois pés, com acentuada elevação da altura. O salto é semelhante ao salto em extensão, porém no momento do afastamento ântero-posterior dos membros inferiores, na fase aérea, realiza-se uma última acentuação na elevação dos membros inferiores, antes da queda. A queda será sobre os dois pés ou sobre o pé contrário ao da impulsão. Os membros superiores acompanham o movimento de elevação do corpo.

2ª parte – No decorrer desta apropriação corporal dos diferentes saltos, o professor proporcionará o entendimento, por meio do diálogo, de que o saltar acompanhou o ser humano no seu processo de tornar-se como tal, sendo objetivado quando precisou de gestos corporais mais explosivos e dinâmicos na sua relação com os outros e com a natureza. Neste processo histórico, os gestos humanos foram sendo aperfeiçoados/refinados para dar conta das circunstâncias históricas, sejam elas de trabalho ou do brincar. Esta última foi responsável pela criação dos jogos e das ginásticas populares, que sob a harmonia de diferentes expressões (caminhar, correr, lançar...) trataram de dar conta da dimensão lúdica do ser humano. Porém, a contradição presente no processo histórico, representada pelos valores dominantes da cultura moderna (competição, individualismo, selecionamento...), encarregaram-se de apropriar-se da cultura popular, impregná-la com os valores da lógica do mercado e devolvê-la ao povo, sem os seus significados originais. Com a prática do saltar, o processo não é diferente. O saltar que hoje se faz presente na ginástica olímpica desportiva e em outras modalidades olímpicas (atletismo, handebol, basquete...) passa a ser controlado, causando uma seleção entre os praticantes e, consequentemente, a competição entre estes se torna mais forte. Neste sentido, na ginástica artística, especificamente, o sentido a ser atingido é o do modelo desportivizado. Progressivamente, a prática simples do saltar, realizado por crianças e adolescentes em inúmeros lugares (praças, campos, ruas, escolas...) é substituída pela prática com assistentes pagantes. Novas regras, alteração de ângulos de apoio, aparelhos, vestuário, vão sendo alterados com o fim expressivo da circulação de capital.

3ª Parte – Por meio da relação entre esse momento de desenvolvimento do fazer corporal do saltar mais o momento do diálogo, o professor lançará um desafio aos alunos, que consiste na criação de uma sequência de movimentos que combinem os diferentes saltos, bem como a sua exibição com o fim de demonstrar o trabalho coletivo e proporcionar o momento da avaliação que será realizado pelo grupo.

4º Passo – Catarse:

Forma elaborada de pensamento, em que os elementos culturais (conteúdos) passam a ser "elementos ativos da transformação social" (SAVIANI, 1997, p.81). A catarse é o momento em que se realiza a ruptura em relação ao conhecimento menos elaborado. Em outras palavras, é a unidade entre teoria e prática ou, como diz Gramsci (1987), "o processo catártico coincide com a cadeia de sínteses que resulta do desenvolvimento dialético" (p.53).

Para Gasparin (2005), catarse é a síntese do cotidiano e do científico, do teórico e do prático a que o educando chegou, marcando sua nova posição em relação ao conteúdo e à forma de sua construção social e sua reconstrução na escola.

É a expressão teórica dessa postura mental do aluno que evidencia a elaboração da totalidade concreta em grau intelectual mais elevado de compreensão. Significa, outrossim, a conclusão, o resumo que ele faz do conteúdo apreendido recentemente. É o novo ponto teórico de chegada, a manifestação do novo conceito adquirido (p.128).

Momento, portanto, em que ocorre a ruptura com o entendimento menos elaborado sobre o saltar e este passa a ser elemento cultural capaz de transformação. Esta aula trata do momento em que os alunos devem compreender que a transformação histórica presente no salto é humana e como tal, digno de transformação quando se constitui em um meio prático de resolver problemas que afetam/afetarão os interesses coletivos da turma como problemas de raça, gênero e diferenças de habilidades corporais que causam momentos de individualismo e discriminação.

5º Passo – Prática social:

Significa o ponto de chegada, agora não mais entendido de forma sincrética pelos alunos e não mais entendido de forma sintética e precária pelo professor. Neste momento, professor e aluno chegam à compreensão denominada síntese orgânica. Isto demonstra que aluno e professor (sujeitos históricos) encontram-se em constante processo de aprendizagem, demonstrando a provisoriedade da produção teórico/prática. Neste caso,

> A compreensão da prática social passa por uma alteração qualitativa. Consequentemente, a prática referida no ponto de partida (primeiro passo) e no ponto de chegada (quinto passo) é e não é a mesma. É a mesma uma vez que é ela própria que constitui ao mesmo tempo o suporte e o contexto, o pressuposto e o alvo, o fundamento e a finalidade da prática pedagógica. E não é se considerarmos que o modo de nos situarmos em seu interior se alterou qualitativamente pela mediação da ação pedagógica (SAVIANI, 1997, p. 82).

Pela colocação do autor: "*a prática referida no ponto de partida (primeiro passo) e no ponto de chegada (quinto passo) é e não é a mesma*", coincide com o pensamento de Marx (1982), que o reencontro, possível pelo caminho de volta, não mais se realiza com o ponto de partida em sua imediaticidade, mas com ele concretizado, rico em determinações e relações.

O saltar, então, significa também o ponto de chegada, não mais entendido de forma sincrética pelos alunos e não mais entendido de forma sintética e precária pelo professor, pois ambos chegam a uma compreensão sintética do saltar.

Com a criação da sequência de movimentos que combinaram os diferentes saltos, juntamente com a avaliação feita pelo grupo, se realizou o caminho de volta, do saltar em sua imediaticidade, para o saltar, agora, concretizado, rico em determinações e relações.

Por meio desta sistematização, percebemos o quanto a lógica pela qual apreendemos o real, determina o próprio significado dele, ocasionando a relação dialética entre apropriação e objetivação do conhecimento ou como afirma Escobar (1997),

> A luta entre as concepções hegemônicas e emergentes, ou seja, entre o que é predominante e o que está surgindo, pode ser reconhecida na forma como o conhecimento é apreendido, transmitido e avaliado na escola, na forma como se configura a legislação e a normatização, bem como na forma em que o processo de trabalho pedagógico é organizado (p.91).

Considerações finais

Este momento de síntese não é fruto de mero processo formal de pesquisa, restrito a procedimentos metodológicos estanques e predeterminados. No processo de elaboração, os pressupostos foram sendo articulados a partir de análises teóricas que transitaram na concretude dos fatos.

Na nossa investigação teórica, procuramos atingir o objetivo de apresentar, a partir da teoria social do materialismo histórico e dialético, uma possibilidade epistemológica que visa o desenvolvimento de uma didática superadora para o ensino do esporte na escola, possibilitando a formação de sujeitos sociais, especificamente professores e alunos, capazes de superar as práticas imediatistas de sua realidade cotidiana.

A questão, então, que se apresentou no decorrer desta obra, é de como tratar o conteúdo esporte, possibilitando que os alunos e as alunas façam uma leitura deste e da realidade não mais na lógica linear, na qual os conhecimentos pairam na abstração, mas na lógica dialética, de maneira a fazer o movimento da aparência até a essência do fenômeno esportivo.

Para isso, o esporte foi tratado como conteúdo cultural universal, entendido como uma cultura corporal, portanto uma prática social objetivada e apropriada no plano da cultura. Consideramos, também, a importância para o trato com o conhecimento de uma relação dialeticamente estabelecida entre sociedade, ciência e educação escolar.

Entendemos que são os objetivos claros e conscientes do professor (a), juntamente com a seleção criteriosa do conteúdo esporte enquanto dado da realidade e a forma metodológica do pensamento – a forma como o sujeito apreende – articulados dialeticamente com a concretude dos elementos científicos/sociais, que determinam uma educação comprometida com a apropriação elaborada da realidade histórica.

Apresentamos, portanto, a intenção de contextualizar no fazer pedagógico, uma lógica de apropriação de conhecimento a partir do materialismo histórico e dialético, de maneira que se constitua em mais um ponto de partida para o pensar e o criar pedagógico da área da EF.

Neste processo deconhecimento, tornou-se visível a importância de que, para transformar em realidade a possibilidade do desenvolvimento do esporte enquanto uma prática social objetivada e apropriada no plano da cultura corporal, tornando-o elemento mediador para a superação das práticas sociais imediatas, torna-se necessário conhecer cada vez mais profundamente a realidade da EF e do esporte, no sentido de criar as condições necessárias para a concretização da referida possibilidade. Neste sentido, elencamos algumas questões que defendemos ser necessárias para que a Educação Física e do esporte avancem no seu campo de conhecimento.

Categorias e leis da dialética:

Para o trato com o conhecimento sob a ótica da lógica dialética materialista, torna-se necessária a apreensão das categorias e leis da dialética, apresentando-as como um sistema de conceitos interdependentes, sendo consideradas como reflexos das propriedades e relações reais. Esta necessidade faz-se presente quando objetivamos superar a prática pedagógica determinante no interior da escola, pois esta superação somente poderá ser alcançada quando selecionarmos categorias de análise que deem conta das contradições existentes na escola, historicamente determinadas pelo trabalho pedagógico e trabalho produtivo, organizados pelos ditames da sociedade capitalista. Consideramos que a forma com que os sujeitos organizam suas relações sociais afeta diretamente a dinâmica da educação escolar/EF e do esporte.

Referentes a esta questão indicamos os trabalhos elaborados por Freitas (2000) e Escobar (1997).

O esporte:

Mesmo sendo o esporte o conteúdo dominante na área da EF, precisa ser mais discutido e teoricamente aprofundado. O conteúdo esporte recortado do âmbito da cultura corporal da EF é apropriado pela ciência moderna que faz deste e de seus princípios sinônimo de rendimento. A Educação Física internalizou de maneira determinante a referida perspectiva como única verdade, obscurecendo a possibilidade de perguntar pelos reais problemas ocasionados por esta apropriação da cultura esportiva.

Políticas públicas:

Cabe à área da EF (especificamente cursos de formação e entidades científicas) proporcionar a discussão em torno das políticas públicas e de seus pressupostos norteadores para a ação pedagógica que, muitas vezes, sob a apropriação do discurso crítico, apresentam seus projetos constituídos por práticas corporativistas e articuladas com as forças centralizadoras da sociedade, que se explicitam, por exemplo, nas políticas públicas para a educação como Lei de Diretrizes e Bases (LDB), políticas públicas para o esporte e lazer e Parâmetros Curriculares Nacionais (PCNs) como também, nos conselhos federal e regionais de Educação Física (CONFEF e CREFs)[33].

Movimento humano:

O entendimento de que o movimento humano constitui-se na especificidade da EF, acompanha a história da área. Porém, mencionamos o restrito número de estudos referentes a este tema. Ao contrário da abrangência de estudos teóricos que acompanha a temática corpo/corporeidade, a produção voltada ao pensar sobre o movimento humano, na sua maioria, limita-se à sua análise mecânica, sem a análise crítica de sua objetivação no processo histórico enquanto prática corporal humanamente determinada, fato que conduz à superficialidade de seu entendimento[34].

---

[33] A profissão da EF foi regulamentada sob a lei 9696/98. Sob esta lei criou-se o Conselho Federal de Educação Física (CONFEF) e conselhos estaduais de EF (CREFs), que usam meios excludentes e de alto teor coercitivos, típico dos regimes ditatoriais e totalitários. Porém, o Movimento Nacional Contra a Regulamentação da Profissão (MNCR), formado por professores e estudantes da área da EF, lutam pela revogação da lei com o objetivo de dizer NÃO à prática da reserva de mercado e SIM à defesa da regulamentação do trabalho.

[34] Não podemos deixar de mencionar os estudos de Kunz (1991, 1994) que sob a ótica da fenomenologia trata o movimento enquanto "se movimentar", ou seja, enquanto diálogo com o mundo.

Epistemologia:

Estudar o conhecimento nos leva a indagar sobre a essência da realidade sobre o mundo histórico e suas contradições, em que o movimento de contraposição entre os diferentes projetos de racionalidade aparece e que direcionam, por sua vez, diferentes formas de tratar o conhecimento. Compreender este "movimento vivo" não é tarefa fácil, mas necessária, pois é no processo de entendimento dos determinantes que envolvem a produção de conhecimento que temos a possibilidade de lançarmos olhares que reflitam o âmbito das ciências (humanas e naturais) que constituem a elaboração das múltiplas determinações a cerca da cultura e ciências do esporte. Como nos esclarece Gamboa (2002), os estudos epistemológicos buscam na filosofia seus princípios e na ciência seu objeto, apresentando uma dupla função: abordar os problemas gerais das relações entre ciência e filosofia, como também servem de ponto de encontro entre as duas.

Portanto, este estudo tende a contribuir com o movimento crítico da EF, no sentido de proporcionar avanços na busca da transformação científico/metodológica da área.

Bibliografia

ANDERY, *et al.* **A prática, a história e a construção do conhecimento: Karl Marx (1818-1883).** In: Para compreender a ciência: uma perspectiva histórica. São Paulo/ Rio de Janeiro: Espaço e tempo, 1996a.

_____. **Olhar para a história: Caminho para a compreensão da ciência hoje.** In: Para compreender a ciência: uma perspectiva histórica. São Paulo/Rio de Janeiro: Espaço e tempo, 1996b.

ANTUNES, R. **Adeus ao trabalho? Ensaio sobre as metamorfoses e a centralidade do mundo do trabalho.** Campinas: Cortez, 1998.

ASSMANN, H. **Pós-modernidade e agir pedagógico: como reencantar a educação.** Florianópolis-SC, VIII ENDIPE, 1996.

BOMBASSARO, L. **As fronteiras da epistemologia: Uma introdução ao problema da Racionalidade e da historicidade do conhecimento.** Petrópolis: Vozes, 1992.

BRACHT, V. **As ciências do esporte no Brasil: Uma avaliação Critica.** In: Ferreira Neto, Amarílio, Goellner,

Silvana V. & BRACHT, Valter (Org.). As Ciências do Esporte no Brasil. Campinas: Autores Associados, 1995.

_____. **Educação Física/Ciências do Esporte: que Ciência é essa?** In: Revista Brasileira de Ciências do Esporte. 14(3): 111-118.1993), 1993.

BRACHT, V. **Epistemologia da Educação Física.** In: Ensaios: Educação Física e Esporte/organizadores Máuri de Carvalho e Adriano Maia. – Vitória, UFES, Centro de Educação Física e Desportos, 1997b.

_____. **Sociologia crítica do esporte: Uma introdução** – Vitória, UFES, Centro de Educação Física e Desportos, 1997a.

_____. **Educação Física e Ciência: Cenas de um casamento (in)feliz.** Ijui: Unijuí, 1999.

CASTELLANI FILHO, L. **Políticas Educacionais e Educação Física.** Campinas: Autores Associados, 1998.

CHAUÍ, M. **Convite a Filosofia.** São Paulo: Ática, 1995.

CHEPTULIN, A. **A Dialética Materialista: Categorias e Leis da Dialética.** São Paulo: Alfa-Omega, 1982.

COLETIVO DE AUTORES. **Metodologia do Ensino da Educação Física.** São Paulo: Cortez, 1992.

COMTE, A. **Curso de filosofia e positivismo.** In: Comte. São Paulo: Abril Cultural. Coleção Os Pensadores, 1983.

Didática da Educação Física 1/org. Kunz. E. Ijuí: Unijuí, 1998.

DUARTE, N. **Educação escolar, teoria do cotidiano e a escola de Vigotisky.** Campinas: Autores Associados, 1999.

_____. **Vigotski e o "aprender a aprender"** – critica às apropriações neoliberais e pó-modernas da teoria vigotskiana. Campinas, Autores associados, 2001

ENGELS, F. **Dialética da natureza.** Rio de Janeiro: Paz e terra, 1979.

ESCOBAR, M. O. **Transformação da Didática: construção da teoria pedagógica como categorias da prática pedagógica: experiência na disciplina escolar Educação Física.** Tese de Doutorado. Universidade Estadual de Campinas, Faculdade de Educação. Campinas, SP, 1997.

FERREIRA, M G. **Teoria da Educação Física: Bases e propostas pedagógicas.** In: Ferreira Neto, Amarílio, Goellner, Silvana V. & BRACHT, Valter (Org.). As Ciências do Esporte no Brasil. Campinas: Autores Associados, 1995.

FREITAS, L.C. **Crítica da organização do trabalho pedagógico e da didática.** Campinas: Papirus, 2000.

FRIGOTTO, G. **Educação, crise do trabalho assalariado e do desenvolvimento: Teorias em conflito.** In: Frigotto, G. (org). Educação e crise do trabalho Perspectivas de final de século. Petrópolis: Vozes, 1998.

GASPARIN, J.L. **Uma didática para a pedagogia histórico-critica.** Campinas, SP: Autores Associados, 2005.

GIANNOTTI, J.A., **Contra Althusser,** In: Exercícios de Filosofia, São Paulo: CEBRAP, Brasiliense, 1975.

GRAMSCI, A. **Os intelectuais e a organização da cultura**, Rio de Janeiro: Civilização Brasileira, 1988.

_____. **Concepção dialética da história**, Rio de Janeiro, Civilização Brasileira, 1987.

_____.A. **Maquiavel, a política e o Estado Moderno**. Rio de Janeiro: Civilização Brasileira, 1976.

GRIESWELLE. D. **A gênese do Esporte Moderno.**Trad. por Valter Bracht. Vitória, UFES, Centro de Educação Física e Desportos. 1993. Tradução de Die Gênese des modernen Sports.

GRUPO DE TRABALHO PEDAGÓGICO UFPe-UFSM. **Visão didática da E.F: análises críticas e exemplos práticos de aula.** Rio de Janeiro, Ao livro técnico, 1991.

HABERMAS, J. **A Nova Intransparência.** São Paulo, Novos estudos, nº 18, 1987.

HILDEBRANDT, R & LAGING, R. **Concepções abertas no ensino da E.F:** Rio de Janeiro, Ao livro técnico, 1996.

KUNZ, E. **Educação Física: Ensino e Mudança.** Ijuí: Unijuí, 1991.

_____. **Transformação didático-Pedagógica do Esporte.** Ijui: Unijuí, 1994.

KOPNIN, P.V. A **Dialética como Lógica e Teoria do Conhecimento.** Rio de Janeiro: Civilização Brasileira S.A, 1978.

KOSIK, K. **Dialética do Concreto.** Rio de Janeiro: Paz e Terra 1995.

LIMA, O. L. A. **Epistemologia, Relativismo e Educação Física.** Revista Brasileira de Ciências do Esporte. 22(10), 65-78, 2000.

LÖWY, M. **As aventuras de Karl Marx contra o Barão de Müchhausen: marxismo e positivismo na sociologia do conhecimento.** São Paulo: Cortez, 1994.

_____. **Ideologias e Ciência Social: elementos para uma análise marxista.** São Paulo: Cortez, 1995.

LYOTARD, F. **A condição Pós-Moderna.** Lisboa: Gradiva, 1989.

MANACORDA, M. A. **Marx e a Pedagogia Moderna.** Autores Associados, São Paulo: Cortez, 1991.

MARQUES, M. O. **Conhecimento e modernidade em reconstrução.** Ijuí: Unijuí, 1993.

MARX, K, ENGELS, F. **A Ideologia Alemã**. São Paulo: Hercetec, 1991.

MARX, K. **Contribuição à crítica da economia política**, São Paulo: Martins Fontes, 1983.

_____. **Para a Crítica da economia política**. São Paulo: Abril Cultural, 1982.

MORAES, M.C.M *et al*. **Pós-modernidade ou devaneio da razão?** Cadernos de Educação Especial/Universidade Federal de Santa Maria. Centro de Educação. V (2) n.10-78p. Santa Maria, 1997.

MORAES, M.C.M. **Os pós-ismos e outras querelas ideológicas**. In: Perspectiva, ano 14, nº25, janeiro-junho, Florianópolis- SC, 1996.

_____. **Desrazão no discurso da História**. In: Razões, HUHME, L.M (org.). Rio de janeiro: Uapê- SEAF, 1994.

PARDO. E. & RIGO. L.C. **Educação Física como ciência: para sair do século XIX**. Revista Brasileira de Ciências do Esporte. 22(1), 39-51, 2000.

PEREIRA, M de F. R. **Concepções teóricas da pesquisa em educação: superando dificuldades**. In: LOMBAR-DI, J.C (org), globalização, pós-modernidade e educação: história, filosofia e temas transversais. Campinas, SP: Autores Associados, 2003.

PEREIRA M. E. & GIOIA S. C. **Do feudalismo ao capitalismo: uma longa transição**. In: Para compreender a ciência: uma perspectiva histórica. São Paulo/Rio de Janeiro: Espaço e Tempo, 1996a.

PEREIRA M. E. & GIOIA S. C. **Século XVIII e XIX: revolução na economia e na política**. In: Para compreender a ciência: uma perspectiva histórica. São Paulo/Rio de Janeiro: Espaço e Tempo, 1996b.

RAYS, O. A. **Seleção e organização do saber escolar: Concepções de processamento.** Rays, O. A. (org). Trabalho Pedagógico. Porto Alegra: Sulina, 1999.

RAYS, O. A. **Trabalho pedagógico: hipóteses de ação didática.** Santa Maria: Pallotti, 2000.

RESENDE, A L.M. **Pós-modernidade. O vitalismo no "chãos".** In: Plural, 3(4): 5-12, jan/jul, 1993.

ROSA, L.C. **A unilateralidade do real: pressuposto para a construção da Epistemologia Gramsciana.** In: Caderno Educação. FAE/UFPel, Pelotas (10):119-135, jan/jun, 1998.

SÁNCHEZ GAMBOA, S. **A globalização e os desafios da educação no limiar do novo século: Um olhar desde a América Latina.** In: LOMBARDI, J.C (org), globalização, pós-modernidade e educação: história, filosofia e temas transversais. Campinas, SP: Autores Associados, 2003.

_____ **Pesquisa educacional: Quantidade-Qualidade.** São Paulo: Cortez, 2002.

SANTIN, S. **Educação Física: Da alegria do lúdico à opressão do rendimento.** Porto Alegre: Edições EST/ ESEF-UFRGS, 1994.

SANTOS, K.C. **A Tese da Ciência da Motricidade Humana de Manoel Sérgio.** In: Educação Física e Ciência: Cenas de um casamento (in)feliz. Ijuí: Unijuí, 1999.

SAVIANI, D. **Educação: do senso comum à consciência filosófica.** São Paulo: Cortez/Autores associados, 1985.

_____. **Educação e questões da atualidade.** São Paulo: Cortez, 1991.

_____. **Escola e Democracia.** Campinas: Autores Associados, 1997.

_____. **Pedagogia Histórico-Crítica: Primeiras Aproximações.** Autores Associados, São Paulo: Cortez, 1991.

SÉRGIO, M. **Educação Física ou ciência da Motricidade Humana?** Campinas: Papirus, 1989.

SILVA, R. V. S. **Mestrados em Educação no Brasil: pesquisando suas pesquisas.** Santa Maria, UFSM, 1990. (Dissertação de Mestrado)

_____. **Pesquisa em E.F: determinações históricas e implicações epistemológicas.** Campinas, SP, 1997. (Tese de Doutorado).

SOARES, C.L. **Corpo, conhecimento e educação: notas esparsas.** In: SOARES, C.L (org), Corpo e história. Campinas: Autores Associados, 2001.

SOUZA, M.S. **Educação Física e Racionalidade: Contraposições na Modernidade.** Florianópolis, CDS/UFSC, 1999. (Dissertação de Mestrado).

TAFFAREL, C.N. Z. **Ciência e Tecnologia: uma questão de vida ou morte.** II Congresso Estudantil e Popular de Ciência e Tecnologia: Inversão das Bases Tecnológicas para Transformação Social, Santa Maria, RS, 04 de abril de 2002.

TANI, G *et al.* **Educação Física escolar: Fundamentos de uma Abordagem Desenvolvimentista.** São Paulo, EPU: Editora da Universidade de São Paulo, 1988.

VIGOTSKY, L.S. **A construção do pensamento e da linguagem.** São Paulo: Martins Fontes, 2001.

_____. **A formação Social da mente.** São Paulo: Martins Fontes, 1999.

_____. **Pensamento e Linguagem.** Lisboa: Antidoto, 1993.

WACHOWICS. L. A. **O método dialético na didática.** Campinas: Papirus, 1985.

Impresso nas oficinas da
SERMOGRAF - ARTES GRÁFICAS E EDITORA LTDA.
Rua São Sebastião, 199 - Petrópolis - RJ
Tel.: (24)2237-3769